中南大学学科史系列丛书

中南大学粉末冶金学科

—— 发展史 ——

(1952—2013)

中南大学文化建设办公室　组 编

中南大学粉末冶金研究院　撰 稿

1952—2013

(1952—2013)

中南大学粉末冶金学科发展史

组　编：中南大学文化建设办公室

撰　稿：中南大学粉末冶金研究院

主　编：黄伯云　刘文胜

副主编：熊　翔　刘　咏　何桂强

编　委：吕海波　徐润泽　李溪滨　赵慕岳

　　　　邹志强　王零森　张兆森　熊春林

　　　　阮建明　黄祖修　贺跃辉　李笃信

　　　　刘祖铭　马　超　杨　涛

编者的话

在庆祝中南矿冶学院组建 60 周年之际，秉着客观、求实的态度，我们特组织编撰了《中南大学粉末冶金学科发展史（1952—2013）》一书，以求从客观史实的角度梳理中南大学粉末冶金学科的发展过程，系统地展现该学科发展前进的轨迹，并回顾总结半个世纪以来所取得的成就与经验。

粉末冶金是一个全新的学科，20 世纪 50 年代中南矿冶学院在国内率先组建粉末冶金专业。当年参与组建的元老之一黄培云院士不仅为我国粉末冶金学科的发展作出了卓越贡献，同时为我校粉末冶金学科专业的创办付出了大量心血，尽管他已经仙逝，但他对于粉末冶金孜孜不倦地追求的精神与态度将激励着后人不懈前进。与此同时，仍然有不少当时参与组建粉末冶金学科的老师健在，不断有新的生力军加入这个队伍，推动着学校粉末冶金学科继续向前发展。本书在老同志们的回忆基础上撰稿编写，期望能够客观真实地反映我校粉末冶金学科的发展脉络，以供后人参详。

我校粉末冶金学科的发展有两个显著的特点。其一是由研究所（院）办专业，这在全国的学科发展中是独一无二的，传统的观念都是由一个系或一个学院来承办一个专业。从建所开始，我们就明确了发展方向，既要办研究所，又要办粉末冶金专业。科学研究与人才培养并举，实现服务于国民经济建设和国防建设的需要。其二是粉末冶金的科学研究既要面向国防建设，又要面向国民经济建设；既要出成果，又要尽快将科技成果转化为产业。半个多世纪以来，我们孜孜以求，历尽艰辛，取得了巨大的成绩。21 世纪的今天，面对资源的竞争、面对人才的竞争，国家和民族的富强离不开粉末冶金，我们还有很多事情可以做，粉末冶金的发展大有可为。

众所周知，编撰学科史，既有利于历史文化的积淀，便于人们清晰地了解其发展脉络；同时又有利于中华文化的传承，不断激励人们以史为鉴、开拓创新，进一步推动粉末冶金学科的科学发展。

在本书的编写过程中得到了学院内外许多老师和专家学者以及国内外众多校友的大力支持和帮助，很多老同志的回忆录和他们保留的历史资料以及他们对历史资料的校审都对本书的编写工作作出了巨大贡献，在此一并表示由衷的感谢！尽管如此，学科史的编写是一个纷繁复杂的过程，很多珍贵的文档资料更是随着岁月的流逝而难以保存下来，因此即使我们竭尽全力，也难以全面收集整理历史资料以展现那段历史岁月的全貌。同时本书中或许还存在纰漏之处，敬请各位读者谅解，并欢迎大家赐稿批评和提出建议，以期能真正达到修史之目的。

编　者
2014 年 4 月

目录

目录

第1章 概述

粉末冶金技术在材料制备中具有独特的优势，在难熔金属及合金、摩擦及减摩材料、多孔材料等的研制中更是具有一般熔铸工艺无法取代的地位，在铁（铜）基零部件的加工制造过程中粉末冶金技术更是具有少切削、无切削的优点，同时还具有节能、节材、环保等特点。正是由于粉末冶金技术的这些优点与特点，使得它已经成为解决新材料问题的一把金钥匙，在新材料的发展中具有举足轻重的地位。时至今日，粉末冶金材料与技术的发展为我国航空航天、核工业、重大军事工程、机械制造、交通运输等工业的发展已做出了积极而重大的贡献。在科学发展观与可持续发展理念深入发展的今天，在我国经济建设和国防建设进一步快速发展的今天，粉末冶金技术必将大有作为。

尽管发展粉末冶金学科及产业对国防建设和国民经济建设具有重大意义，但是直到20世纪50年代初，我国仍然没有建立起具有较完整体系的粉末冶金学科。为了尽快组建我国的粉末冶金学科，以粉末冶金技术促进航空航天工业及重大军事工程的进一步发展，改变我国工业基础差，国民经济基础薄弱的基本面貌，中南矿冶学院开始了对粉末冶金学科建设的艰辛探索。经过几代人60年来的执著追求与不懈努力，现在学校的粉末冶金学科已然蜕变成蝶，成为国家粉末冶金人才培养、新材料研究和新产品试制的重要基地。但谁又知道那段探索的艰辛历程？

1.1 粉末冶金研究院简介

中南大学粉末冶金研究院是我国新材料领域教学、科研与新产品试制开发三结合的学科综合基地。研究院辖有3个教学系、8个研究所，现有教职工300余人，其中中国工程院院士4人，国务院政府特殊津贴获得者16人，国家有突出贡献中青年专家4人，"长江学者奖励计划"特聘教授5人，国家"千人计划"专家4人，国家"百千万人才工程"专家2人，湖南省"芙蓉学者奖励计划"特聘教授5人，"教育部新世纪优秀人才"19人，中南大学"升华学者"11人，博士生导师38人，教授（研究员）46人，副教授及相应职称人员50人。详情请见表1－1国家级人才名录。

表1-1 国家级人才名录

类别	人员名单					
中国工程院院士	黄培云	黄伯云	刘锦川	Jeffrey Wadsworth		
国务院政府特殊津贴获得者	黄培云	黄伯云	吕海波	王零森	邹志强	李溪滨 王伏生
	马康竹	林 炳	黄建忠	赵慕岳	罗锡山	刘华侪 曲选辉
	熊 翔	陈康华				
国家有突出贡献中青年专家	王伏生	廖鹏飞	邹志强	黄伯云		
长江学者	曲选辉	熊 翔	杜 勇	贺跃辉	刘文胜	
教育部"新世纪优秀人才支持计划"	周科朝	贺跃辉	易茂中	黄启忠	陈康华	李益民 刘 咏
	肖 鹏	范景莲	易健宏	李松林	刘文胜	李志友 宋 旼
	于 澍	蒋 超	张 斗	韦伟峰	潘 军	
国家"百千万人才工程"	曲选辉	熊 翔				
国家杰出青年科学基金获得者	曲选辉	杜 勇	贺跃辉	范景莲		
中国青年科技奖获得者	曲选辉	熊 翔	易健宏	李益民		
国家"千人计划"	李 默	赵继成	江 亮	韦伟峰		

现有各类在读学生1832人,其中博士后研究人员近50人,博士研究生200人,硕士研究生606人,工程硕士研究生100人,本科生876人。几十年来,粉末冶金研究院先后培养了5000多名从事高等教育、科学研究和新产品开发生产的专门人才,教学实施本、硕、博连读模式,毕业生就业面广,一次就业率名列各专业前茅。

现在粉末冶金研究院依托建设有"粉末冶金国家重点实验室""粉末冶金国家工程研究中心""轻质高强结构材料国家级重点实验室"三个国家级科研平台;"湖南省纳米材料工程技术联合研究中心""中国有色金属工业粉末冶金产品质量监督检验中心""中俄(湖南)国际新材料工程技术产业化中心"三个省部级科研平台;以及"中国粉末冶金七学、协会联席会议""中国有色金属学会粉末冶金及金属陶瓷学术委员会""中国材料研究学会粉末冶金分会""中国有色粉末冶金标准化技术委员会"等一系列重要科研、学术、检测机构。

研究院设有"粉体材料科学与工程""材料化学"和"高分子材料与工程"3个本科专业,是国家一级重点学科"材料科学与工程"单位,有国家二级重点学科

"材料学""材料物理与化学""材料加工工程"。拥有材料学、材料物理与化学、材料加工工程、粉体材料科学与工程、材料摩擦学、生物材料学 6 个硕士点和博士点，建有材料科学与工程博士后科研流动站(国家优秀博士后流动站)，已成为国家培养材料学高级人才的摇篮。

粉末冶金研究院是首批获得国家"对外进出口经营权"的科研院所。研究院固定资产原值近 1.5 亿元，拥有一批先进的粉末冶金工艺设备与检测仪器。建立了完善的 ISO9001 国际质量管理体系(GJB9001 军品质量保证体系)，通过了国家二级军工保密资格审查认证，拥有武器装备科研生产许可证。主要从事材料科学基础理论、高新技术和先进材料的研究。以国家粉末冶金重点实验室为源头，在摩擦材料、高比重合金、金属间化合物、核工业和航空用材料、新型复合材料、功能材料等方面的研究居国内领先地位，并在国际上享有较高声誉。

先后承担并完成了以国家级科研任务为主体的各类科研项目近 1000 项，获国家级和省部级奖 170 余项，拥有专利 300 余项。曾为我国第一颗原子弹、氢弹的研制，第一座生产性原子反应堆、第一艘核潜艇、第一颗人造卫星、第一枚洲际导弹、第一颗同步卫星、第一枚运载火箭以及"神舟五号"载人航天飞船的发射等尖端科学技术的发展和国防建设做出了重要贡献，多次受到中共中央、国务院、中央军委的贺电嘉奖，被授予"全国高校科技工作先进单位""全国国防军工协作配套工作先进单位"等荣誉称号。

研究院以国家粉末冶金工程研究中心为"孵化器"进行高新技术的产业转化，先后创建了多家"学科性"公司：湖南博云新材料股份有限公司、湖南英捷高科技有限责任公司、湖南博云东方粉末冶金有限公司、湖南博云汽车制动材料有限公司等，并成为"岳麓山国家大学科技园"的首批入园和高科技示范性企业。主要科技产品有航空和汽车用摩擦材料、减摩材料、铁(铜)基粉末冶金机械零件、粉末注射成形产品、高比重合金及难熔金属材料、磁性材料、多孔材料、电工合金制品、特种陶瓷制品、生物材料、纳米粉末及材料、精细(异形)硬质合金制品、超硬材料及各种金属与合金粉末等。

粉末冶金研究院在国际上的影响日益加强，先后与俄罗斯、美国、英国、加拿大、奥地利、法国、意大利、比利时、瑞典、德国、日本、澳大利亚、挪威、新西兰、中国香港、中国台湾等国家和地区的学校与科研机构建立了广泛而深入的学术交流与合作关系。

经过半个多世纪的发展，粉末冶金研究院不断壮大，现有教职工人数 291 人，具体情况见表 1-2 粉末冶金研究院在岗职工名单。

表1-2 粉末冶金研究院在岗职工名单

类别	机构	负责人	在岗职工名单				
教学系	粉体材料系	冉丽萍	曹顺华	罗丰华	杨 屹	杨庆文	杨海林
	材料化学系	李松林	黄劲松 唐艳君	周忠诚 方华婵	刘继进 肖 群	伍秋美 刘 云	何轶伦 刘冬艳
	高分子材料与工程系	刘绍军	陈建军 马 平	马 丽	刘一辰	徐 球	黄 萍
研究所	材料设计研究所	杜 勇	徐洪辉 陈 利 张利军	孔 毅 雷 霆 王建川	刘树红 龚浩然	倪 颂 江 垚	李一为 汪 炯
	高温合金研究所	江 亮	黄 岚	刘 锋	李 默	赵继成	
	纳米材料研究所	韦伟峰	李 松 谭彦妮	潘 军 邹俭鹏	林良武 刘 彬	刘祖铭	吴 宏
	飞机着陆系统研究所	石 伟	丁晓力	王林丰	刘海涛	黄伟明	胡春凯
	摩擦材料研究所	袁铁锤	熊拥军	高 游	苏 堤	李瑞迪	
	炭/炭复合材料研究所	肖 鹏	尹 健 李国栋 张明瑜 陈腾飞	陈 洁 陈建勋 杨 鑫 王雅雷	陈招科 于 澍 葛毅成	孙 威 苏哲安 彭 可	李 专 谢志勇 汤中华
	难熔金属与 硬质合金研究所	范景莲	刘 涛 熊湘君	成会朝 曾舟山	马运柱 李移贵	李世伟 高宏伟	张 立 阳 专
	结构材料研究所	李益民	肖代红 周国斌 康 健	祝昌军 唐 嵘	刘红卫 邓忠勇	夏光灿 何 浩	陈仕奇 肖爱军
	功能材料研究所	刘志坚	李志友 滕 浩	张 雷 马 莉	黄苏萍 何捍卫	张 斗 李丽娅	张晓泳 彭元东
中心	公共实验中心	张福勤	黄兰萍 章奇志 韩岚岚 曾凡浩	刘 勋 黄志锋 张灵芝 马云翠	沈茹娟 郑灵芝 贾天舒	周 涛 奉冬文 金朝晖	廖 宁 周 萍 刘海峰
	条件服务中心	陈慕蓉	李建湘 刘 彤 谭正林 方旭东 肖 忠	刘 路 陈淼泉 赖 华 王 湘	李长春 刘易军 周岳华 龚春昱	陈志明 赵乔功 胡跃军 陈彩霞	左凯文 张入友 李治湖 幸 健

续上表

类别	机构	负责人	在岗职工名单				
产业	摩擦材料研发中心	汪琳	洪云 白燕麟 王坪龙 夏玉峰	张社荣 冯志荣 刘若鸣 何景	杨立军 黄俊 方铸钊	李国强 刘伯威 艾国平	姚萍屏 李度成 彭剑昕
	炭/炭复合材料研发中心	张红波	李新春 贺彬 方勋华 杨鹏	熊杰 杨宇 段文军 李咏侠	徐惠娟 左劲旅 陈斌 田小卓	王志光 周九宁 钟强 陈明飞	周富国 浦继强 宋艳涛
院领导		黄伯云 刘文胜	熊翔 何桂强	阮建明 陈康华	黄启忠 易茂中	刘咏 廖寄乔	贺跃辉 宋旼
院职能部门		张国栋	李笃信 刘芳 刘湘宁	戴润丁 童小敏	黄明忠 熊拥军	莫扬 李江鸿	吕高建 甘雪萍
		李昆	张伟 刘璐 谭湘青	谢莹 马超	贺雪迎 杨凌云	杨海霞 汤金芝	孟尚儒 高海燕
硬质合金研发中心		周建华	吴玉霜 周虹 吴晓冬 齐平	尹响初 席文彬 卜琳 段敏芳	邹亮军 王扬 蒋永新 邓婷婷	林达华 李岳峰 丁军	喻德才 刘志强 周德富
			吴国龙 李峥 周伟 邓顺真 罗晓东 陈小平	陈拥军 周亮 黄克 胡志农 代毅 龚彪	杨勃 黄冬初 吴富红 廖拥军 刘纲 贺纳军	张松柏 王正耀 任卫星 吴学用 曹湘武	邱宁 李润辉 黄志刚 朱建新 陈健
			贺智慧 刘江 彭雅琴 尹文超 张添乐	黄建平 刘昱 宋亮 赵旭炼	乐喜文 卢波 谭耀宗 郑勇	梁国辉 卢叶 王浩军 周健	梁翙雯 裴斌 王进 佘志平

1.2 粉末冶金研究院发展大事记

1.2.1 新材料研究室(1960—1979.08)

1952年11月1日,中南矿冶学院成立。

1955年9月,在国内率先在有色金属冶炼专业中设立硬质合金专门化。

1958年9月,设立国内第一个粉末冶金专业。

1960年底,成立"新材料研究室"。为了满足国家尖端科技工业和国防军工科研对粉末冶金新材料的迫切需要,1960年底,经冶金部党组同意,中南矿冶学院党委和行政领导决定在金属工艺系内设立"新材料研究室"。

1961年6月4日,中共中央政治局委员、中央军委副主席、国务院副总理贺龙亲临学院视察,并详细询问了新材料的研究情况。

1966年7月28日—1969年5月,因"文化大革命"影响,科研等工作逐渐被停滞。

1969年5月,新材料研究室科研工作开始恢复。

1974年10月23日,冶金工业部发函(74)冶色字第1479号文件商请湖南省革委会为中南矿冶学院新材料研究室增加人员编制。

1975年5月23日,中共湖南省委组织部发函(91975)44号《关于中南矿冶学院新材料研究室增加人员编制》,同意新材料研究室人员编制增加到300人。

1.2.2 粉末冶金研究所(1979.09—2002.01)

1979年9月1日,湖南省编制委员会:湘编(1979)152号《关于中南矿冶学院成立粉末冶金研究所和化学系的批复》,经与冶金部党组和省文教办研究同意,在"新材料研究室"基础上成立"粉末冶金研究所"。

1979年12月13日,粉末冶金研究所成立大会在学院风雨操场举行。

1980年5月21日,粉末冶金研究所由于在某项目中作出了贡献,中共中央、国务院、中央军委给予贺电嘉奖。

1982年1月,材料系"粉末冶金教研室"并入粉末冶金研究所,从此实现教学、科研、生产三结合发展模式。

1982年10月16日,粉末冶金研究所由于在某项目中作出了贡献,中共中央、国务院、中央军委给予贺电嘉奖。

1984年4月18日,粉末冶金研究所由于在实验通讯卫星项目中作出了贡献,中共中央、国务院、中央军委给予贺电嘉奖。

1985年5月,粉末冶金研究所在完成国防军工协作任务中,成绩显著,被授予先进单位称号。

1985 年 7 月 29 日，经国家教委批准，中南矿冶学院更名为"中南工业大学"，方毅同志题写校名，标志着学校实现从单科性工学院向综合性工业大学的转变。

1985 年 12 月，"××分离膜的制造技术"项目获得国家科技发明一等奖。

1989 年 6 月，经国家计委批准（计科技〔1989〕32 号）：粉末冶金国家重点实验室确定在我校依托粉末冶金研究所进行建设。1995 年 10 月，正式通过国家验收。

1990 年 5 月 11 日，经国家技术监督局批准（〔1990〕中色科监便字第 12 号），"中国有色金属工业总公司粉末冶金产品质量监督检验中心"依托粉末冶金研究所成立。

1990 年 10 月 5 日，经国务院学位委员会批准，粉末冶金专业获硕士和博士授予权。黄培云和吕海波教授被聘为粉末冶金博士研究生导师。

1992 年 11 月，"粉末冶金丛书"分别被国家新闻出版总署、国家教委列为国家"八五"期间重点图书选题和国家教委重点图书选题。

1993 年 3 月 8 日，国家对外经济贸易部（〔1993〕外经贸政发第 109 号）授予粉末冶金研究所"首批科研院所科技产品进出口经营权"。

1994 年 1 月 10 日，国家计委下文（计科技〔1994〕36 号文）批复同意：《粉末冶金国家工程研究中心可行性研究报告》，粉末冶金国家工程研究中心正式启动建设。

1995 年 2 月 14 日，经国家人事部和全国博士后管理工作委员会批准设立"粉末冶金博士后科研流动站"。

1995 年 4 月 30 日，中共中央总书记、国家主席江泽民在"第二届全国工业企业技术进步成就展览会"上参观视察我所研制的航空刹车材料。

1995 年 10 月 30 日，粉末冶金国家重点实验室正式通过国家科委主持的国家验收，成为我国粉末冶金学科中唯一的国家级重点实验室。

1997 年 4 月 23 日，共青团中央第一书记李克强、团中央书记处常务书记刘鹏视察粉末冶金研究所。

1997 年 11 月 15 日，全国政协副主席，我国近代力学之父，著名的科学家、教育家，杰出的社会活动家、中国科学院院士钱伟长视察粉末冶金研究所。

1997 年 12 月 26 日，1997 年度全国科学技术奖励大会上，黄伯云教授作为获奖代表出席大会，并受到了中共中央总书记江泽民、国务院总理李鹏、朱镕基、李岚清等党和国家领导人的亲切接见。

1999 年 2 月 9 日，全国人大副委员长、中国科协主席周光召视察粉末冶金研究所。

1999 年 8 月 2 日，粉末冶金研究所由于在 某项目中作出了贡献，国务院、中央军委给予贺电嘉奖。

1999 年 12 月 6 日，荣获"ISO9001 国际质量体系认证证书"，成为全国教育系统首批通过 ISO9001 质量体系认证的科研单位之一。

1999 年 12 月 8 日，中工党组字[1999]43 号，粉末冶金研究所党总支更名为中国共产党粉末冶金研究所委员会(所首届党委)。

2000 年 4 月 29 日，中南工业大学与湖南医科大学、长沙铁道学院合并组建中南大学。

2000 年 5 月 18 日，国家外专局教科文卫司庄庆云司长视察粉末冶金研究所。

2001 年 3 月 28 号，中瑞首届粉末冶金研讨会召开，来自中国和瑞典的 100 多名专家学者围绕粉末冶金新材料的研究与开发进行了学术研讨。

1.2.3　粉末冶金研究院(2002.01—)

2002 年 1 月 25 日，中大人字[2002]25 号，学校决定组建"粉末冶金研究院"。

2002 年 2 月，教育部批复同意：材料学、材料物理与化学为国家级重点学科。研究院增设"粉体材料科学与工程"本科专业(教高函[2002]5 号)。

2002 年 4 月 25 日，中大人字[2002]50 号，任命粉末冶金研究院首届行政领导班子。

2002 年 4 月，"湖南省纳米材料工程技术联合研究中心"成立。

2002 年 5 月 27 日，中大党组字[2002]15 号，决定成立粉末冶金研究院党委(院首届)。

2002 年 6 月 28 日，召开第一次工会会员大会。选举产生了研究院首届部门工会委员会。

2002 年 9 月 19 日，国防科工委副主任、国家航天局局长栾恩杰视察粉末冶金研究院并颁发"武器装备科研生产许可证"。

2002 年 11 月 1 日，举行"粉末冶金研究院"成立揭牌仪式。中国工程院副院长、两院院士师昌绪、王淀佐，中国科协副主席、中国工程院院士左铁镛与中国工程院资深院士、粉末冶金研究院创始人黄培云一起为粉末冶金研究院揭牌。

2003 年 7 月 18 日，粉末冶金国家重点实验室在科技部组织的材料科学类国家重点实验室评估中获得优秀。

2004 年 3 月，教育部批复同意增设"材料化学"本科专业(教高函[2004]3 号)。

2004 年 9 月 6 日，粉末冶金研究院承办的第五届海峡两岸粉末冶金技术研讨会正式开幕。

图 1-1　粉末冶金研究院成立揭牌仪式

2005 年 1 月 11 日，中俄(湖南)国际新材料工程技术产业化中心成立并举行揭牌仪式。

2005 年 3 月 28 日，2004 年度国家科技奖励大会在北京人民大会堂召开，"C/C 航空制动材料制备技术"喜获国家技术发明一等奖并由国家主席胡锦涛亲自颁奖，填补了该奖项连续六年的空缺，黄伯云院士作为获奖代表在大会上发言。

2005 年 7 月 16 日，中共中央政治局常委、全国政协主席贾庆林视察粉末冶金研究院并发表重要讲话。

2005 年 8 月 13 日，中共中央政治局常委、国务院总理温家宝视察粉末冶金研究院并发表重要讲话。

2005 年 10 月 29 日，中共中央政治局常委、全国人大常委会委员长吴邦国，中共中央政治局委员、全国人大常委会副委员长王兆国，全国人大常委会副委员长兼秘书长盛华仁视察粉末冶金研究院，吴邦国委员长发表重要讲话。

2005 年 11 月 18 日，国家批复同意建设"轻质高强结构材料国家级重点实验室"。

2006 年 2 月 9 日，中央电视台播出《感动中国，2005 年度人物评选》颁奖晚会，黄伯云院士入选"感动中国"2005 年度人物。

2006 年 4 月 5 日，粉末冶金研究院获得国家军工保密资格审查委员会颁发的"二级保密资格单位证书"。

2006 年 4 月 10 日，中共中央政治局常委、中纪委书记吴官正视察粉末冶金研究院。

2006 年 9 月 24 日，全国政协副主席、中国工程院院长徐匡迪视察粉末冶金研究院。

2006 年 11 月 18 日，原全国人大常委会副委员长、中国科学院院长、中国科协主席、两弹一星功勋科学家、中国科协名誉主席周光召视察粉末冶金研究院。

2006 年 11 月 19 日，国务委员陈至立视察粉末冶金研究院，同时发表重要讲话并欣然题词：筑大平台、出大成果、作大贡献。

2007 年 4 月 30 日，中共中央政治局委员、国务院副总理曾培炎视察粉末冶金研究院。

2007 年 5 月 15 日，中共中央政治局常委李长春视察粉末冶金研究院并发表重要讲话。

2007 年 5 月 22 日，粉末冶金国家工程研究中心在国家发改委组织的全国 80 家工程研究中心参加的评估中排名第一。

2007 年 6 月 8 日，国防科工委副主任兼国家航天局局长孙来燕视察粉末冶金研究院。

2007 年 7 月 29 日，香港特别行政区十届全国人大代表团视察粉末冶金研究院。

2007 年 8 月 31 日，科技部部长万钢来院视察，并欣然题词：勇于创新、追求卓越。

2008 年 4 月 8 日，中央政治局常委、中央纪律检查委员会书记贺国强视察粉末冶金研究院。

2008 年 11 月 3 日，广西壮族自治区党委书记、自治区人大常委会主任郭声琨视察粉末冶金研究院。

2009 年 3 月 23 日，教育部党组副书记、副部长陈希视察粉末冶金研究院。

2009 年 3 月 30 日，中共中央政治局常委、国务院副总理李克强，国务院副秘书长尤权视察粉末冶金研究院。

2009 年 8 月 15 日，中央政治局委员、国务委员刘延东视察粉末冶金研究院。

2009 年 10 月 27 日，湖南省委副书记，省长周强视察粉末冶金研究院。

2010 年 4 月 20 日，粉末冶金国家工程研究中心在国家发改委组织的全国 80 家工程研究中心参加的评估中再次排名第一。

2010 年 8 月 31 日，全国人大外事委员会主任，前外交部长李肇星视察粉末冶金研究院。

2011 年 7 月 21 日，湖南省委副书记，省长徐守盛视察粉末冶金研究院。

2012 年 3 月 27 日，粉末冶金国家工程研究中心在国家发改委组织的全国 86 家工程研究中心参加的评估中第三次排名第一。

2013 年 11 月 4 日，中共中央总书记、中华人民共和国主席、中央军委主席习近平视察粉末冶金研究院并作出重要指示。

1.3　粉末冶金研究院历届负责人

表 1－3　粉末冶金研究院历届负责人及任职情况

姓　名	任职时间	职务
黄培云	1960.12—1979.09	中南矿冶学院副院长，主管新材料研究室工作
	1979.09—1991.03	粉末冶金研究所所长
	1991.07—2002.04	粉末冶金研究所名誉所长
赵维橙	1960.12—1961.07	新材料研究室副主任
吕海波	1960.12—1979.09	新材料研究室副主任
	1979.09—1984.07	粉末冶金研究所副所长
	1984.07—1991.03	粉末冶金研究所第一副所长
黄祖修	1962.10—1979.09	新材料研究室副主任
	1984.07—1987.10	粉末冶金研究所副所长
	1993.04—1996.04	粉末冶金研究所党总支书记
丁钧伯	1962.10—1964	新材料研究室副主任
王　贤	1969—1970	新材料研究室党支部书记
殷端阳	1970—1979.09	新材料研究室党支部书记
曹浩华	1970—1979.09	新材料研究室党支部副书记
傅明仲	1979.09—1984.07	粉末冶金研究所党总支书记
卢大森	1979.09—1981.04	粉末冶金研究所党总支副书记
	1981.04—1984.07	粉末冶金研究所副所长
陈流太	1984.07—1999.09	粉末冶金研究所党总支副书记
张保军	1984.07—1988.09	粉末冶金研究所党总支书记
王零森	1984.07—1989.09	粉末冶金研究所副所长
	1989.09—1990.11	粉末冶金研究所党总支书记
邹志强	1985.07—1991.03	粉末冶金研究所副所长
	1991.03—1996.04	粉末冶金研究所总工程师
张纪生	1988.09—1991.03	粉末冶金研究所副所长

续上表

姓　名	任职时间	职务
黄伯云	1989.09—1991.03	粉末冶金研究所总工程师
	1991.03—2002.01	粉末冶金研究所所长
	2002.01—	粉末冶金研究院院长
姚德超	1991.03—1993.10	粉末冶金研究所党总支副书记
	1993.10—1996.04	粉末冶金研究所副所长
李溪滨	1991.03—1996.04	粉末冶金研究所副所长
	1996.04—2001.12	粉末冶金研究所党委书记
史继良	1991.03—1999.12	粉末冶金研究所副所长
蒋辉珍	1991.03—2006.01	粉末冶金研究所副所长
	1995.02—1998.07	粉末冶金国家工程研究中心办公室副主任
	1998.07—2012.04	粉末冶金国家工程研究中心办公室主任
赵慕岳	1995.02—1998.07	粉末冶金研究所副所长 粉末冶金国家工程研究中心办公室主任
熊春林	1995.02—1999.11	粉末冶金国家工程研究中心办公室副主任
	1999.11—2002.04	粉末冶金研究所党委书记
贺奉嘉	1995.05—2001.07	粉末冶金国家工程研究中心办公室主任
陈康华	1996.04—2006.01	粉末冶金研究所副所长
	1999.07—2002.04	粉末冶金国家重点实验室办公室副主任
	2008.03—	轻质高强结构材料 国家级重点实验室办公室主任
曲选辉	1996.04—1999.09	粉末冶金研究所第一副所长
	1999.09—2002.04	粉末冶金研究所总工程师
熊　翔	1996.04—2002.01	粉末冶金研究所副所长
	2002.01—2010.09	粉末冶金研究院副院长
	2010.09—	粉末冶金研究院常务副院长
易健宏	1999.07—2002.01	粉末冶金研究所副所长
	2002.01—2012.02	粉末冶金研究院副院长

续上表

姓 名	任职时间	职务
张兆森	1999.07—2004.04	粉末冶金研究院副所长
	2002.04—2010.09	粉末冶金研究院党委书记 粉末冶金研究院副院长
易茂忠	2000.04—	粉末冶金国家工程研究中心办公室副主任
黄启忠	2000.04—2006.03	粉末冶金国家工程研究中心办公室副主任
	2006.01—	粉末冶金研究院副院长
贺跃辉	2002.04—2010.09	粉末冶金研究院总工程师
	2010.09—	粉末冶金研究院副院长
阮建明	2002.04—	粉末冶金研究院副院长
陈 宪	2002.11—2010.09	粉末冶金研究院党委副书记
刘 咏	2006.01—	粉末冶金研究院副院长
刘文胜	2006.03—	粉末冶金国家工程研究中心办公室副主任
	2010.09—	粉末冶金研究院党委书记
	2010.09—	粉末冶金研究院副院长
何桂强	2010.09—	粉末冶金研究院党委副书记
廖寄乔	2011.03—	粉末冶金国家工程研究中心办公室副主任
宋 旼	2012.04—	粉末冶金研究院副院长

第2章 粉末冶金专业的发展

2.1 白手起家，专业崛起(1955—1970)

20世纪50年代，为了满足国民经济发展和国防建设的需要，中南矿冶学院决定在冶金系组建硬质合金专门化，其后又开办了粉末冶金专业。面临复杂多变的国内外形势，机遇与挑战并存，机遇是发展粉末冶金学科不仅顺应了国民经济发展和国防工业建设的需要，而且能够填补我国粉末冶金学科的空白，打破资本主义国家对我国的技术垄断和封锁，同时还能够有力地促进材料学科和粉末冶金学科的快速发展；挑战是当时国内一穷二白，资金匮乏，面对丰富的矿产资源却苦于缺乏技术而无可奈何，而且教师队伍极其缺乏，生源质量也不容乐观。面对这样的机遇与挑战，中南矿冶学院迎难而上，白手起家，开始了粉末冶金学科的艰辛探索与发展。

2.1.1 适应国家急需从硬质合金专门化办起

20世纪50年代，苏联帮助我国恢复和发展建设国民经济的"156项工程"中，有一项便是硬质合金厂的建设。国家为了跟进硬质合金建设的需要，派了大批工人到苏联进修学习，以熟练地掌握操作技术。但即便这样，国内仍然急需培养一批硬质合金方面专门的技术人才，以满足我国硬质合金建设和发展的需求。

1955年5—6月，株洲硬质合金厂副厂长陪同苏联专家来校考察，当即提出希望学校能够培养出粉末冶金方向的专门人才。经当时学校领导的认真研究，1955年9月开学后，时任中南矿冶学院院长的陈新民教授便指示要在冶金系的金相教研室中成立一个粉末冶金教学小组，由时任副院长的黄培云教授、徐润泽和曹明德3位老师组成。

无论是从国民经济建设的层面来看，还是从企业生产发展的层面来看，都需要我们自身能够培养出合格优秀的硬质合金建设人才。因此1955年9月，中南矿冶学院根据国家建设硬质合金厂的客观发展需求，决定首先在冶金系中组建硬质合金专门化。然而当时，还有一个更大的困难摆在面前，那就是在所有的教师队伍中，仅有黄培云副院长(教授)在美国留学的时候选修过30个课时的硬质合金课。所以最后由黄培云教授讲授"硬质合金生产原理"这门课程。学院决定从

56 级冶金系的学生中抽出 25 人组成第一届硬质合金班,然后又从 57 级冶金系的学生中抽出 25 人组成了第二届硬质合金班。这两届毕业的学生大部分进入各大专院校、科研院所或者企业之中,为我国的硬质合金研究与生产发展作出了突出的贡献,成为我国粉末冶金学科建设领域的栋梁之材。

2.1.2　粉末冶金专业的建立

从 1958 年 9 月起,中南矿冶学院决定开办粉末冶金专业。考虑到急需用人的问题,学院决定从冶金系 60 级的 270 名学生中抽出 15 人组成粉冶 601 班,随后又从冶金系 61 级的近 200 名学生中抽出 15 人组成粉冶 611 班。62 级、63 级的学生是从金属工艺系的学生中调配的。从此以后,学院的粉冶专业从 64 级便实现了常规化的考试招生。

2.1.3　培养金属陶瓷专业学生

粉末冶金的生产工艺与金属陶瓷比较相似,而金属陶瓷材料的研制对国民经济的发展有着重要的影响。为了适应国家经济发展建设的需要,当时冶金部要求中南矿冶学院在培养粉末冶金专业人才的同时也培养出一批金属陶瓷方面的专业人才,并决定由北京钢铁学院、西北大学等院校抽调出一些学生参加学习。中南矿冶学院从冶金系与金属工艺系中抽调出部分学生,从地质系中抽调出一些学生组成了工艺 3 班(本科班),同时又从北京钢铁学院等单位抽调出部分学生组成了工艺 4 班(专科班),并由徐润泽讲授"特种陶瓷"等专业课程。这批学生毕业后多进入高校与科研机构,现已成为我国金属陶瓷领域的重要骨干。

2.1.4　培养研究生及开展理论研究

为了逐步培养高层次的专业人才,学校除了大力招收本科生之外,时任院长的陈新民教授积极主张开展研究生的招生培养工作,1960 年底,学校从当时的教师队伍中抽出 30 多人举办研究生班,全部为保送学生,其中粉末冶金专业有赵慕岳(导师为赵维橙,后因调入北京工作,由徐润泽与吕海波进行学业指导)、李景顺、王伏生等 3 人。1963 年 12 月仅赵慕岳 1 人顺利毕业,而其余两人因故肄业。从 1961 年起,粉末冶金专业开始正式通过考试招收研究生。1961 年,黄培云教授招收了曾德麟、杨守植、张季薚等 3 人为研究生。而 1962 年整个粉末冶金研究室只招收了刘玉益 1 人为研究生;1963 年,没有招收研究生;1964 年,招收了庄蓉芳为研究生;1965 年,招收了吴训珍等 4 人为研究生。到了 1966 年,因"文化大革命"而暂时中断了研究生招生培养工作。

一直以来,粉末冶金基础理论研究是粉末冶金发展的基础和动力,黄培云教授非常重视基础理论的研究工作,在他的带领下,粉末冶金专业的老师们开始了艰辛的理论探索研究。从 1960 年开始，黄培云教授便经常在教研室给老师们讲授他在粉末冶金"压制理论"和"烧结理论"方面的最新研究进展，同时还向年轻的教师们传授教学经验。1961 年 10 月，在沈阳金属物理学术会议上，黄培云教授提出了"综合作用烧结理论"，当即引起学术界的强烈反响。1964 年 10 月，他又在中国科学院矿冶研究所提出了"粉末冶金压型理论"。至此黄培云教授的"压制理论"与"综合作用烧结理论"已经基本形成，这两个理论在他编著的《粉末冶金原理》《粉末冶金基础理论与新技术》等书中均有详尽而充分的介绍与说明。

2.1.5 苏联专家来校指导

1958 年 9 月—1960 年 6 月，学院先后邀请了苏联专家基巴里索夫和基斯良科夫两位专家来校讲学。分别讲授"粉末冶金原理"和"粉末冶金车间设计"。在此期间，听课的除了本校粉冶教研室的全体教师和粉冶专业 601 班的 15 名同学外，外校也派出多名教师前来听课学习，其中包括北京钢铁学院、上海交通大学、东北工学院、大连工学院、北京航空学院等高等院校的教师。苏联专家的指导不仅有益于师资水平的提高，更为后来我国粉末冶金的发展崛起打下了基础。

2.1.6 教研室的教学人员

20 世纪 60 年代以前，学院粉末冶金教学小组主要成员有徐润泽、曹明德，56 级留校的卢大森和吕海波，57 级留校的欧阳云彪、黄声洪、林炳、林彩东和魏明康以及从苏联归来的赵维橙等人。

1960 年，在 60 级的应届毕业生中留下了 14 名毕业生任教，他们是王零森、赵慕岳、李景顺、曾德麟、杨守植、张季蘋、谭明福、邓宏才、黄建忠、徐振民、张齐勋、张瑞福、王祥、侯载钦以及专科毕业的刘海珊。

同年，因中南矿冶学院新材料研究室的成立，教研室内只留下了徐润泽、卢大森、黄声洪、曹明德、欧阳云彪、曾德麟、邓宏才、李景顺等 8 人，其中卢大森任党支部书记、黄培云兼任主任、徐润泽任副主任。1961 年以后，教研室又增加了姚德超、王才德、刘立华、张春林、曹湘斋、凌兴珠、王治海、黄和平、熊春林、阙季仪等人。

2.1.7 建立"三结合"基地

1) 积极开展科学研究

粉末冶金专业具有研究新材料和新制品的特点，为了充分发挥这些特点，教研室必须积极开展科学研究。所以从 1958 年起，教研室决定充分运用实验室的条件，组织相关教师积极开展科学研究，例如钽铌氧化物的分离、碳化硼的研究等，这个时期的科学研究为今后粉末冶金的飞速发展打下了重要基础。

2）新材料研究室的建立

在前期科学研究的基础上，实验室的规模不断扩大，研究队伍也在不断发展壮大。特别是由于国防建设的飞速发展，对新材料提出了更高、更迫切的需求。例如，铀分离膜的研究和反应控制棒的研究等。1960 年底，中南矿冶学院决定组建新材料研究室。新材料研究室的建立不仅符合我国粉末冶金学科发展需要，更刺激了新材料的研究发展，促进了我国国防事业的进一步发展，为我国新材料的研究以及粉末冶金学科的发展作出了重大贡献。

3）粉末冶金厂的诞生

采用粉末冶金技术生产的机械零部件产品具有少切削和无切削的特点，材料的利用率非常高，具有节能、节材、环保等优点。为了使教职工和学生能够直接参加到生产的第一线中，将理论知识与生产实践进行很好的融合，学院决定建立一个校办的粉末冶金厂，以满足学科建设和科研发展的相关需求。1964 年，部分教师在校内筹建了第一个粉末冶金厂，以生产粉末冶金铁基制品为主，该厂后来发展成为硬质合金厂，即现在中南凯大粉末冶金有限公司。这样的办厂模式不仅满足了学科发展的需要，也促进了科研能力的进一步提高；既给教师们提供了科学研究和生产的基地，更为学生们结合生产实践创造了更为有利的条件。

教学、科研和生产都有相对的独立性，同时又有相互统一的一面，既把培养高素质、创新型人才放在首位，又把教学、科研和生产更好的有机结合，合理安排、相互支持、相互促进、有机结合、共同提高是处理好三者关系的核心，形成良性循环的重要保证。"三结合"基地的模式不仅促进了高素质、创新型人才的培养，同时也推动了教学工作与科学研究的相互促进，更加快了高水平科研成果的转化实施过程。

2.1.8　对外开展学术讲座

高等学校除了具有培养人才的重要功能之外，还具有科学研究、社会服务以及文化传承与创新的重要功能。由此，高等学校的教师走出校门，开展对外学术交流就很有必要。在 1961—1962 年，根据当时社会上厂矿企业建设与生产的需要，学校派出了陈新民、徐润泽等多位教授到株洲硬质合金厂讲授粉末冶金的相关理论知识，举办了多场讲座。另外，根据马恒儒教授的联系，王零森被派到正元动力配件厂讲授"粉末冶金"课程约一周。对外开展学术讲座不仅加强了学校与企业之间的合作，也更有利于学科的发展，使学科建设更加合理，更能适合社会实践的需要，同时这也为后来学校发展产学研一体化道路奠定了坚实的基础。

2.2　风雨征途，上下求索(1971—1977)

在"文化大革命"的前几年，学校的招生工作也曾一度被中断。直到 1970 年，考虑到发展教育事业和课程改革的需要，加之学院教师也准备积极进行相关的探索试验，学校的招生工作得以慢慢恢复。

2.2.1　招收工农兵学员(三年制)

在新的形势下，根据当时的需要，学校准备开办工农兵学员试点班。1971年，全校共招收了 4 个试点班，其中有一个试点班便是粉末冶金专业班，粉末冶金试点班有学生共 15 人。1972—1976 年，学校粉末冶金专业共招收了 5 届工农兵学员，培养粉末冶金人才达 350 余人。

2.2.2　进行课程改革

由于工农兵学员的文化程度参差不齐，同时鉴于当时的政治形势，原有教材的内容已不再适用于教学。在这个时期必须重新编制新教材并重新设置课程方案。

1)《粉末冶金原理》的编撰

在原来的粉末冶金专业基础课的教学中，设有"粉末冶金原理"与"冶金原理"两门课程，考虑到课时的安排和教学发展需要，学院决定将"粉末冶金原理"与"冶金原理"合并为粉末冶金原理。1970 年，为了试点班的教学需要，学院组建了"粉末冶金原理"的编写小组，参加的主要人员有黄培云、曾德麟、赵慕岳、张瑞福、邱光汉、李溪滨等 6 人。为了编好这本书，学院还组织了相关撰写人员到一线工厂考察调研，其中包括常德粉末冶金厂、青岛粉末冶金厂等。一年多以后，老师们经过不懈努力终于编撰好《粉末冶金原理》，并为今后的出版发行打下了良好的基础。

2)《粉末冶金电炉及设计》的编撰

根据形势发展的需要，原来由冶金系开设的冶金炉课程中，讲到的很多内容在粉末冶金实际的生产应用中价值并不是很大。然而，粉末冶金所需要的烧结炉又有它自身的许多特点。因此，编写一本与粉末冶金教学和生产发展相适应的《粉末冶金电炉及设计》的书籍就成为当务之急。所以，学校组织了相关教师包括徐润泽和邓宏才等人对粉末冶金工厂所用的各种电炉，包括烧结炉、真空炉、电阻炉等进行现场调研与考察。在此基础上，编撰出了一本具有粉末冶金特色并具有极高实际应用价值的教材——《粉末冶金电炉及设计》。

3)《粉末冶金模具设计》的编写

　　粉末冶金技术的特点之一就是可以直接生产产品，即通过模压成形、烧结等工序来制备各种机械零部件，如各类套管、齿轮等。因此，如何设计出粉末冶金生产中所需的模具是一项重要的课题。然而模具设计在原来的课程设置之中，仅仅有 6 个学时。从粉末冶金模具设计的教学与应用的实际出发，需要编写一本适合粉末冶金生产要求的模具设计教材。学校组织了一支以姚德超和王治海为主的编写小组，广泛收集了大量有关粉末冶金模具设计、制造和使用的资料，并结合材料力学的相关理论，在此基础上，最终编著出了具有粉末冶金特色的《粉末冶金模具设计》一书。该书的撰写不仅在今后的教学中发挥了重要的作用，同时也为今后再版打下了良好的基础。

2.2.3　开门办学，完成粉末冶金高强度热锻齿轮的试制

　　随着教学任务和科学研究工作的进一步发展，当时要求学院开门办学与厂矿相结合。所以从 1974 年开始，接受了国家关于"粉末冶金高强度热锻齿轮"的试制任务。学校组织了有关老师和学生下到益阳粉末冶金厂，与工厂的相关科技人员和一线生产工人进行紧密的合作与交流，开展了广泛而深入的系统研究。经过三年多的艰苦奋斗，到 1977 年，取得了经由国家科委组织的"粉末冶金高强度热锻齿轮技术"的技术鉴定，这也是在此时期办学科研取得的重要成果之一。

2.3　抓住机遇，日臻成熟（1977—1994）

　　十年"文革"，百废待兴。1977 年，由于"文化大革命"的冲击而中断了长达十年之久的高考教育制度得以恢复，中国由此迎来了尊重知识、尊重人才的春天。作为国家首批重点院校，中南矿冶学院迎难而上，顺应历史的发展潮流，全面恢复招生工作，开启了新阶段的伟大征程。

2.3.1　拨乱反正，恢复招生

　　高考制度的恢复不仅给国家的经济建设带来了春天般的发展，同时也给中南矿冶学院粉末冶金学科发展带来了机遇，由此中南矿冶学院粉末冶金专业正逐渐展现出其诱人的魅力与勃勃的生机，逐渐焕发出新时代赋予的历史使命与发展内涵。1977 年底，在高考制度恢复后的第一届招生中，粉末冶金专业共招收两个班 88 名学生。如今，这批人才已经遍布在世界的各个角落，无论是在我国的大江南北，还是在异国他乡；无论是在教学领域还是在企业生产与科研领域，他们都业已成为粉末冶金发展的中坚力量，成为我们这个时代材料科学的领航者。

2.3.2 编撰出版粉末冶金专业全套书籍

1977 年 11 月，高考教育制度恢复之后，中南矿冶学院围绕粉末冶金学科的发展建设，组织了大量相关教师，比较全面地撰写了粉末冶金专业教学中的主要教材，为我国粉末冶金学科的发展作出了重要的贡献。

《粉末冶金原理》 "粉末冶金原理"作为粉末冶金学科专业的重要课程，原有教材已经不能适用于当时的教学要求。1982 年，在黄培云教授的带领下，再次开始了《粉末冶金原理》的编撰。除黄培云外，参加编撰的教师有徐润泽、曾德麟、姚德超、张齐勋、林炳、贾春霖等人。参编教师们查阅了大量文献并展开了多次实地调研，经过不懈努力，最终编撰出此书。此书在 70 年代粉末冶金教研室编撰的《粉末冶金原理》一书的基础上增添了许多内容。更新后的《粉末冶金原理》更加全面实用，更加适合于教学科研，因此此书一经出版，便成为粉末冶金专业的主要教科书，并且一直使用到 2011 年。此书于 1987 年荣获"有色金属工业总公司优秀教材一等奖"，1988 年获得"国家高等学校优秀教材奖"。此书自出版以来，其中的相关理论已发表于各类核心学术期刊的论文引用了万余次，被广大教学与科研工作人员视为粉末冶金专业的"宝典"。

《粉末冶金模具设计》 由姚德超主编，王治海和熊春林参编，于 1982 年由冶金工业出版社出版。这是我国当时"粉末冶金模具设计"类书籍最早也是概括内容最全面的一本书，对于我国粉末冶金模具的设计和制造有着重大的指导意义和实践意义。

《粉末冶金材料》 主编是曾德麟，参编的教师有王才德、张齐勋、李景顺、凌兴珠。这是一本对于粉末冶金材料分类介绍较为详尽的书籍，于 1989 年在冶金工业出版社出版。该书对粉末冶金材料的分类、制造和应用都作出了全面的综述。

《粉末冶金电炉及设计》 由徐润泽主编，参编教师有邓宏才、周洛三，于 1990 年在中南工业大学出版社出版。此书主要是在 70 年代编撰讲义的基础上进行改进更新，将内容加以充实和扩展，是粉末冶金电炉设计与生产中使用的指导"宝典"。这本书较好地将粉末冶金生产中的电炉设计知识进行了总结与发展提高，成为粉末冶金的重要教材之一，也成为本科生毕业设计的指导手册。

《粉末冶金实验技术》 由姚德超主编，刘立华、刘海珊、阚季仪参加编写。在粉末冶金专业的教学中，实验室教学是一个重要的环节，而国内一直没有一本关于实验室教学方面的专业书籍，参编教师总结了历年来实验室教学的经验，编撰出了这本实验室的指导书籍——《粉末冶金实验技术》，不仅为我国粉末冶金实验指导操作提供了一个蓝本，同时也填补了我国粉末冶金实验教学教材的空白。此书出版之后，一直成为各大专院校及科研机构中实验室教学的参考书籍。

《粉末冶金基础理论与新技术》 由黄培云、金展鹏、陈振华撰写,中南工业大学出版社出版。

《现代摩擦材料》 由徐润泽、黄国伟、李金鹏翻译,1983 年冶金工业出版社出版,这是一本指导粉末冶金摩擦材料科研与生产方面的书籍,对我国粉末冶金新型摩擦材料的研究和生产都具有重要的指导意义。

2.3.3 招收硕士和博士研究生

为了培养出高层次的粉末冶金专业人才,学校经过研究决定,除了做好本科生招生以外,应当尽快恢复研究生招生培养工作,特别是博士研究生的招生培养工作,这不仅是学科发展的迫切需求,同时也是社会发展的迫切需求。

(1)1980 年,粉末冶金专业开始招收硕士研究生。组建了一支由黄培云为指导小组组长,徐润泽和吕海波为副组长的招生小组。1980 年开始试招研究生。从 1982 年开始,粉末冶金专业开始正常化的研究生考试招生。

(2)1990 年,国务院批准了我校设立粉末冶金专业博士点。为株洲硬质合金厂培养了杨海涛博士研究生,由黄培云和徐润泽共同指导。从 1991 年起,粉末冶金专业开始实现正常化招收博士研究生,当时的博士生导师有黄培云和吕海波 2 人。

2.3.4 参与对外合作项目

粉末冶金技术有着较强的实用价值,所以一直以来都很重视对外合作与对外交流。从 1985 年起,参与了 601 厂提高硬质合金性能的研究。1987 年,徐润泽教授参与的"硬质合金力学性能研究"经过相关组织的鉴定,获得了有色金属总公司科技进步三等奖。

2.3.5 对外开展学术讲座

1983 年 6 月,应四川粉末冶金学会的邀请,黄培云、徐润泽和王零森等前往讲学。1985 年 10 月,应江苏粉末冶金学会的邀请,学校又派出了徐润泽、姚德超和张齐勋等前往讲学。学术讲座的开办促使我们的教师走出去相互交流,不仅利于学校粉末冶金学科的发展建设,更有助于帮助社会企业和各学会的有关人员了解粉末冶金发展的最新动态,促进我国粉末冶金行业的全面发展。

2.3.6 创建粉末冶金国家重点实验室

1)粉末冶金——当代材料科学发展的前沿领域之一

粉末冶金是研究金属、非金属和化合物的粉末及其材料结构与性质和制造理论与工艺技术的科学,它是当代材料科学发展最为迅猛的前沿领域之一。近年来，粉末冶金已拓宽到材料科学与工程的各个领域，不但保持了其节能、节材、易实现异种材料和异种结构的复合等传统优点，而且已经发展成为制备各种高性能结构材料、特种功能材料和极限条件下工作材料的有效途径。美国国家科学基金委员会曾在向美国总统和国会提交的科学展望中对粉末冶金有这样的论述："粉末冶金新技术的出现将对运输、空间技术和能源系统提供大量的经济效益，并将会增强美国的工业基础"。粉末冶金是当代材料科学的重要前沿领域之一，其飞速发展大大推动了整个材料科学的发展和材料制造工艺的进步。

2）粉末冶金学科的发展

粉末冶金学科是我校材料科学与工程专业中优势学科之一，该学科在我国成立最早(1954年创建)。1960年，苏联撕毁中—苏合作协议，我国决定自主发展国防尖端科技事业。为了发展两弹一星等工程所需的一些新材料，又鉴于上述粉末冶金学科的特点和优点，冶金部决定，以我校粉末冶金专业为依托，于1960年成立了新材料研究室，专门负责军工新材料研究任务。

经过艰苦创业，该研究室不断发展，于1979年底扩充为粉末冶金研究所，另迁新址，初期占地65亩，人员迅速扩充至200人以上，并逐年取得了大量的研究成果。该研究所相当于系一级的建制，这就是当今粉末冶金研究院的前身。所承担的任务扩展为军民兼顾，以军带民，以民养军。从此，粉冶所既大量培养材料科学专业人才，又不断取得研究成果，成为了我校出成果、出人才的最重要的平台和基地之一，并大大促进了我校材料学科及其相邻学科的发展。不断发展壮大的粉末冶金研究所也成为粉末冶金国家重点实验室创建打下了良好基础。

3）竞争取胜——国家批准创建粉末冶金国家重点实验室

1980年粉末冶金研究所建立后的80年代，先后承担了近百项国家和部级科研项目在摩擦材料、原子能材料、重合金、极细—超细粉末（和纳米粉末）、快速冷凝非晶、准晶粉末和材料，电触头材料、气浮轴承材料和减摩材料研究中都相继取得了重大成绩，在粉末冶金基础理论方面也有了重大成果。在粉末冶金理论和一系列新材料新工艺方面处于国内先进水平，有的已达到或接近国际先进水平。例如，"蓝色氧化钨制取及其氢还原制取各种级别钨粉"课题研究成果使我国7种级别的工业钨粉质量达到国际先进水平，为我国随后钨材和硬质合金工艺升级改造和产品质量全面升级、提升我国钨业科技水平打下了坚实基础，并荣获国家科技进步一等奖；又如，核级碳化硼控制棒材料解决了核反应生产（核裂变材料）堆的急需；金属基航空刹车片攻关，使该产品质量超过苏联产品，解决了当时我国军用、民用飞机刹车器件的急需；高温高真空自润滑轴承材料解决了航天器上关键组件急需；多种规格的重合金产品器件和高性能碳化硼气浮轴承材料解决了高精度惯性导航器件的急需，重合金产品还满足穿甲弹材料开发的需求；等等。

上述所列研究成果已相继用于我国多个国防重点工程上，多次获得中共中央、中央军委和国务院的嘉奖。总之，不论是面向国民经济发展的主战场的科技攻关，还是面向国防工业的科技攻关，都作出了很多重要的贡献。1985 年 5 月，粉末冶金研究所首次被国防科工委、国家计委、国家经委和国家科委联合评为"全国军工配套协作先进单位"。高校获得这个荣誉，在当时是十分罕见的，这在粉末冶金研究所发展史上是重大事件。

20 世纪 80 年代，为了加快我国科技发展，中央决定在部分高校和研究院所成立"科研国家队"——采用择优选择方式，利用当时获得的世界银行贷款，在部分高校成立一批国家重点实验室。我校决定派材料系和粉冶所参加争建国家实验室的角逐。1987 年，参加角逐的高校齐集北京答辩，约淘汰一半，我校粉末冶金研究所入围初选行列。1988 年 8 月，入围高校再次在北京京西宾馆面向国家专家组进行最后答辩，粉末冶金研究所获胜。1989 年，国家计委、国家教委正式下文批准在中南工业大学建立粉末冶金国家重点实验室。重点实验室建设项目由世界银行贷款 120 万美元（因我校设备引进的论证、招标工作做得细致，进展顺利，后来实际上增至 132 万美元），外加国内配套资金 506 万元，粉末冶金国家重点实验室进入创建阶段。

粉末冶金国家重点实验室的主要领导为：实验室主任黄伯云，常务副主任邹志强，副主任李溪滨、姚德超。

4）国家重点实验室的创建

1991 年 5 月，国家教委主持召开全国相关院校校长工作会议，国家实验室创建项目进入全面实施阶段。在国家计委、教委和自然科学基金委的指导下，在中国有色金属工业总公司和学校领导积极支持下，通过粉末冶金研究所全体同志四年多的不懈努力，完成了如下工作：

- 通过多方渠道，落实了国内配套资金。
- 建成了国家实验室专用实验室大楼，新的实验大楼可充分保证各种先进仪器设备对工作条件的特种需要和并给工作人员提供良好的工作环境。
- 实现了原实验室实验手段的一期更新改造：完成了关键先进仪器设备的招标引进，新建和改造了一批专业实验室，使一些重要的研究手段达到国内一流或国际先进水平。
- 落实了组织机构：成立了以实验室主任为首的精干的办事机构，成立了跨院校的重点实验室学术委员会（见表 2 - 1）。
- 充实了高层次专业学科梯队：原粉末冶金、金属材料、金属塑性加工等多个博士点扩充为金属材料科学博士后流动站；研究生招生人数快速增长，充实了青年学科骨干人才。
- 承担的高层次科研项目大大增加：不论是 863 高科技项目、自然科学基金项目，还是面向国防工程/国民经济主战场的相关应用基础研究，承担的项目数都大为增加，并取得了一系列成果。

● 扩大国际交流：不论是"请进来"还是"派出去"，都取得了很大的进展，进一步提高了专业学科的国际知名度和学术地位。

● 通过四年多"边建设，边运行"，粉末冶金国家重点实验室圆满地完成了创建工作，于1995年10月通过了国家验收，成为我国材料科学研究的重要基地之一，投入了正式的开放式运行。

表2-1 首届P/M国家实验室学术委员会

姓名	专业	职称	单位	职务
黄培云	粉末冶金	院士（博导）	中南工业大学	主任委员
马福康	粉末冶金	研究员（教授）	中国有色金属学会	副主任委员
左铁镛	金属材料	院士（博导）	国家教委科技司	副主任委员
黄伯云	粉末冶金	教授（博导）	中南工业大学	副主任委员
邹志强	金属材料	教授	中南工业大学	秘书
方向威	粉末冶金	教授级高工	上海材料研究所	委员
叶恒强	金属物理	院士（博导）	中科院沈阳金属所	委员
夏志华	金属材料	教授级高工	北京有色金属研究总院	委员
李雨葆	金属材料	研究员	北京钢铁研究总院	委员
李恒德	金属材料	院士（博导）	清华大学	委员
吕海波	粉末冶金	教授（博导）	中南工业大学	委员
周克崧	金属材料	研究员	广州有色金属研究院	委员
周菊秋	粉末冶金	教授级高工	株洲硬质合金厂	委员
金展鹏	金属材料	教授	中南工业大学	委员
殷为宏	粉末冶金	教授级高工	西北有色金属研究院	委员
赖和怡	粉末冶金	教授（博导）	北京科技大学	委员

注：首届P/M国家实验室学术委员会共16人，主要来自高校与科研院所，高校7人，研究院所6人，校外委员共10人。

每届学术委员会任期不超过5年，实验室第1届学术委员会主任为黄培云院士，第2、3届学术委员会主任分别为左铁镛院士、徐德龙院士，各届实验室主任皆为黄伯云院士。

2.4　千帆竞发，全面繁荣(1995—)

经过二十多年的学科发展建设，中南矿冶学院粉末冶金专业不断发展壮大，每年除了大规模的本科生招生以外，也顺利实现了硕士研究生和博士研究生的招生，培养了大批粉末冶金的专业人才。这不仅为我国各高等院校、科研院所和企业等输送了大批人才，同时为我国粉末冶金学科的发展作出了重要的贡献。

2.4.1　博士后流动站的建立

经教育部批准，1995 年，粉末冶金博士后流动站正式建立，为我国培养高层次人才创造了一个更好更高的平台。此后，开始了博士后的培养之路。博士后流动站的建立有利于促进学科的发展建设和中青年高级科技人才的培养建设，同时带动中青年人才的科研能力和整个实验团队的整体建设。

2.4.2　重点学科的建成

粉末冶金专业在发展过程中也有过不少波折，特别是国家专业目录调整以后，粉末冶金专业被取消，成为"材料学"（二级学科）的一个方向，与材料学并入材料学院一起招生，然后再按照"粉末冶金专业方向"一年招收 1~2 个班。但粉末冶金作为材料学科的重要前沿领域又具有强大的生命力，为了进一步发挥它的前沿引领作用，2000 年着手"粉体材料科学与工程"和"材料化学"两个专业的申报工作。经过多年学科建设的发展，2002 年，经教育部批准，粉体材料科学与工程专业成为国家一级重点学科。粉体材料科学与工程专业成为国家重点学科不仅是对于中南大学粉末冶金学科发展建设与学术科研能力的一种肯定，更是一种鞭策。

2.4.3　建成"五星级"学科点

经过半个世纪几代人的努力，重点学科建设成绩斐然，形成了博士点、博士后流动站、重点学科、国家重点实验室、院士"五位一体"的学科高层次人才培养体系。半个世纪以来，粉末冶金科学研究成果全面丰收，硕果累累，建成了"五星级"学科点。

2.4.4　教学人员

粉末冶金研究院通过自身培养和人才引进构成了一支师资力量雄厚的教学、科研队伍。目前粉末冶金研究院有 53 名正、副教授承担本科生课程教学和相关实践教学，其中具有正高职称的教师有 35 名，在教学方面形成了课程教学团队，构成了主讲教授牵头课程体系。同时粉末冶金研究院加强了学生的实践能力教育，不断强化学生的动手实践能力，为促进实践性人才培养，粉末冶金研究院联合粉末冶金行业骨干公司，专门设置了"卓越工程师计划"，为粉末冶金行业国有或民营大型企业联合培养技术骨干和企业经营管理人员，这样的举措不仅获得了学校的认可，更是获得了社会和企业的高度评价。

2.4.5 增设粉体材料科学与工程专业

进入新世纪以来，我校的粉体材料科学与工程专业定位于国内领先、具有国际影响的国家级特色专业，培养粉末冶金新材料和高新技术专门人才。该专业已建成博士点、博士后科研流动站、重点学科；专业师资力量雄厚，重编和出版了《粉末冶金原理》《粉体材料成形设备与模具设计》等教材，阮建明教授主讲的"粉末冶金原理"课程被评为国家精品课程，标志着我校粉体材料科学与工程专业的本科教育迈向了新的台阶。

2.4.6 增设材料化学和高分子材料与工程专业

经过专业申办论证和教育部批准，粉末冶金研究院于 2003 年增设材料化学专业，并于 2004 年面向全国招生。材料化学专业是材料与化学的交叉学科，不仅拓宽了粉末冶金的研究领域，同时也延伸了粉末冶金学科的发展内涵，开辟和拓展了纳米粉末的制备、材料的化学改性、粉末热喷涂以及化学气相沉积等新的研究方向。

材料化学专业从增设伊始，便有着明确的人才培养目标：培养具有坚实的材料化学专业理论基础，有着较强的科学研究能力和创新意识，同时还具有一定的组织能力、团队领导能力以及国际化竞争能力，并且能够从事材料教学、研究、新产品开发、材料合成与加工制备、性能检测和生产经营管理的高素质复合型人才。经过十年的人才培养教学改革实践，材料化学专业取得了长足的发展，现已成为中南大学排名前列的本科专业，并于 2010 年被评为国家 A 类专业。现在材料化学专业逐步形成了产、学、研相结合的人才培养模式，为我国粉末冶金行业培养了不同层次的科研人员和工程技术人才。

经粉末冶金研究院申报，获教育部批准，粉末冶金研究院又新开设高分子材料与工程专业，并于 2013 年在全国范围招收本科学生，该专业重点在于高分子材料基础理论教学、高分子合成与制备、高聚物流变学、高聚物成型加工原理、功能高分子材料制备与设计、高分子材料三维(3D)制备技术、手性功能材料等方面课程的教学及材料研究。

2.4.7　学科平台与实践基地

2002 年组建中南大学"粉末冶金研究院"以来，对粉末冶金研究院的人才培养提出了更高的定位，即：瞄准国际前沿和发展趋势，立足国家的重大需求，着重粉末冶金领域的战略技术创新与集成，解决我国高、新技术的关键问题，成为我国新材料及其新理论领域高层次人才的培养基地。

粉末冶金学科平台：

一级学科国家重点学科：材料科学与工程。

一级学科博士后科研流动站：材料科学与工程。

二级学科博士/硕士学位授权点：材料物理与化学、材料学、材料加工工程。

自主设置二级学科博士/硕士学位授权点：粉体材料科学与工程、材料摩擦学、生物材料学。

长期以来，粉末冶金研究院一直注重学生实践能力和创新思维的培养，为了促进学生很好的将理论知识与社会实践能力牢牢地结合起来，粉冶院在全国范围内与各大型企业相互合作，建立了一批稳定的工程实践基地。

粉末冶金学科实践基地：

株洲钻石切削刀具股份有限公司研究生创新教育基地（湖南省优秀研究生创新教育基地）

厦门钨业股份有限公司研究生创新教育基地

江西钨业集团研究生创新教育基地

四川自贡硬质合金有限公司研究生创新教育基地

宁波东睦集团股份有限公司研究生创新教育基地

株洲硬质合金集团公司研究生创新教育基地

博云新材料股份有限公司研究生创新教育基地

第3章 粉末冶金科研的发展

在粉末冶金学科的发展过程中,科学研究占有不可估量的重要地位。粉末冶金的科学研究不仅为发现、探索和解释各种材料的性能和用途(尤其是新材料)提供了重要的研究方法,也为制得各种粉末冶金材料提供了重要的研究基础,更为我国国民经济的发展和国防建设的发展提供了一大批高性能的新材料。在科学研究系统中又包括基础研究、开发研究和应用研究三类研究任务,而各类科研对于粉末冶金的发展来说都是至关重要的。每一项研究不仅承载着将科学转化为生产力的重要任务,还承担着最终为人类造福的重要使命。科研不仅着眼于解决当前的社会问题与社会需要,更引领着时代的创新与发展、价值与潮流。关于粉末冶金的相关科学研究必须具备一定的硬件与软件,同时还需要一大批素质过硬的科研人才、需要一定的研究经费、需要完善的科研装备以及科研试验场所等。在20世纪50年代,中南矿冶学院从建校之初,从粉末冶金的专业设置之时,那些先辈们便走上了科学研究的发展之路。

3.1 科研发家,开启征程(1960—1966)

1960年,中南矿冶学院组建了新材料研究室,一切都得从零开始,特别是实验室的基础条件很差,很难开展大规模的相关科学实验。因为资金和设备的稀缺,当时只能在冶金系金相热处理教研室的实验室中抽调出少量的试验设备:一台苏联制造的高频炉、一台德国制造的碳管炉和油压机,再加上已有的碳矽棒炉,便是新材料研究室的设备。新材料研究室的建立不仅开启了粉末冶金学科研究发展的道路,更为后来产、学、研一体化道路的发展奠定了坚实的基础。

这段时期科研条件异常艰苦,科研设备异常匮乏,新材料研究室的研究人员还不足30人,但先辈们却在这样艰苦的条件下,创造出一个又一个科研的奇迹。以××分离膜的研制和钨基高比重合金的研制为代表的科研项目成为该时期科学研究的重中之重。

3.1.1 "××分离膜"的研制

1960年,中苏关系全面破裂,7月,苏联政府单方面撕毁了同我国签订的600多个合同。同时,苏联政府还片面决定,9月1日前要撤走全部在华的1000多名专家，并且停止供应我国国民经济建设急需的重要设备。这些专家在撤走的同时也带走了全部的图纸、样品、计划和资料，给我国的经济建设和国防建设造成了重大的损失，不仅加重了我国经济建设的困难程度，也使得我国只有依靠自己的力量来发展原子弹等国家重大军事工程项目。通过分析当时国内外的严峻形势，党和国家领导人决定迎难而上，通过自身的科学研究来完成原子弹和导弹等重大军事工程项目，而研制部分相关重要材料的任务便落到了中南矿冶学院的头上。

1960 年 7 月间，冶金部向中南矿冶学院下达了"××分离膜"的研究任务。××分离膜是实现铀同位素分离，从而制得原子弹的关键技术，当时学院院长兼党委书记唐楠屏同志亲自负责抓这件事情，他从粉末冶金教研室里抽调出一些老师和学生组成了科研小组，包括赵维橙、吕海波、林炳、张齐勋、侯载钦、王祥、王伏生、王零森等人，特别是当时正值三年困难时期，项目小组人员相继出现水肿，但他们并没有离开实验室，毅然决然地进行研究。

在艰苦的科研条件面前，省委给予了大力的后勤支持。但在该项目的研究过程中，项目研究人员却遇到了研究瓶颈。正在不知如何进行下一步研究的时候，黄培云教授作了一篇关于《多孔分离膜同位素的理论问题》的研究报告，这篇报告犹如醍醐灌顶，使项目研究小组人员大受启发。经过半年的艰辛探索，1961 年 3 月，××分离膜项目研究终于有了重大进展，基本可以出现分离现象。

另一方面，由于当时条件艰苦，在学校开展科研的时候经常出现停水断电的情况，而研究任务又相当紧迫，所以冶金部决定把有关研究单位的研究人员集中起来统一组织管理。我校的原有相关研究人员和压加教研室的白淑文等人，由王鹰和赵维橙带队全部集中到北京钢铁研究院继续开展相关研究。两年后，王鹰同志回校，由黄祖修同志前往北京主持工作。

该课题组于 1963 年顺利完成，并于 1985 年获得了国家科技发明一等奖。

3.1.2 钨基高比重合金的研究

1962 年 5 月，冶金部技术司向中南矿冶学院和株洲硬质合金厂下达了关于"钨基高比重合金"项目的研究任务，当时我校主要由林炳和黄建忠两位同志负责开展该课题的研究工作。

当时的科研条件极其艰苦，从研究人员的组成来看，整个科研小组人才缺乏，从实验室的设备设施来看，仅有一台碳矽棒炉可供使用。该项目研究直到 1963 年底也没能交出合格的成品，材料的性能始终没能上去。到了 1964 年初，因林炳调去了教研室，而黄建忠也调到科办工作，这时便组成了一支由赵慕岳、王伏生为主的科研小组继续进行该项目的研究，其他参加研究的人员有彭应南、梁容海、周载明、吕庆和、蔡慧群和李萍林。

科研小组着手开展该项目的科研任务的时候，同样遇到受碳矽棒炉最高

1380℃的使用限制，所得材料性能达不到要求。赵慕岳同志带领科研人员通过创新粉末原料处理技术最后攻克了难关。

材料的密度上去了，随之而来的第二个重要问题是强度性能依然不够。科研小组再一次向黄培云教授请示汇报，黄培云教授说："你们可不可以做一下冷却速度实验"。科研小组又系统地开展了冷却速度对材料力学性能的研究，如水淬、冰水淬、盐水淬以及油淬等实验研究。当时为了做冰水淬，就跑到冰棒厂去买冰棒开展科学研究。经过一系列的研究之后，最后所得的合金的抗拉强度终于能达到技术要求。而为了改变大制品的烧结和淬火的问题，我们又重新设计了一种立式碳矽棒。

研究小组又经过一年半的艰苦研究，已经能够研制出国家要求的钨基高比重合金。1965年，航空材料组召开了关于钨基高比重合金的鉴定会，参会代表一致认为该材料完全符合所要求的使用性能，课题组已经完成了委托单位提出的性能指标，并同意合金可以进行小批量试制。1980年10月，冶金部军工办公室委托湖南省冶金局在长沙召开了生产定型会议，参加会议的代表一致认为，高比重合金生产工艺基本稳定，具备了生产定型的条件，建议产品转入大批量生产。通过验收之后的钨基高比重合金在各军工部门得到了广泛的运用。从70年代开始，中南矿冶学院承接了大批军工新产品试制任务。

钨基高比重合金的研制成功，及在我国多项重点军事工程项目中得到成功应用，不仅为我国自行研制的第一颗人造卫星的成功上天提供了关键材料，同时也为我国第一枚洲际导弹的成功试射和第一艘核潜艇成功研发提供了关键材料。该项目的研究成功在获得中共中央、国务院、中央军委多次嘉奖贺电的同时于1978年获得国家科学大会奖，同年还获得了冶金部与湖南省科学大会奖。

3.1.3 碳化硼粉与碳化硼块的研究

在核反应堆的科学研制中，吸收铀中子的控制棒是重要的关键部件。而关于碳化硼粉的生产研究，当时国内尚无较好的研究方法与研究资料可以借鉴。1961年12月间，从冶金部技术司接到了关于"碳化硼烧结块"的课题任务，立即组织了一支由王零森、吕海波、祝和斌、方寅初和史继良等人组成的课题研究小组。首先，要做出碳化硼粉末。碳化硼粉末生产的传统方法是电弧熔炼法，但电弧炉电极中心和周边温差极大，难以制取符合成分要求的化学计量的碳化硼粉。研究人员开展了对碳化硼粉的系统研究，经过长期的理论与实验研究，总结出一套符合要求的制得碳化硼粉的方法，即用硼酸加炭黑经焙解之后再在碳管炉中高温碳化得到碳化硼粉。

由碳化硼粉制造碳化硼块又是一个艰苦的过程，由于碳化硼粉又硬又脆，很难成型，而碳化硼块采用固相烧结制成，因此压块的密度便是关键问题。在生产过程中发现,采用双向压制 22.5 t 压力的时候,压块会比要求的高 1 mm;如果压力为 23.5 t 的话,采用双向压制法时压块又会出现分层和开裂现象。这就碰到了一个压型中的重要问题,如何解决这个问题便成为关键一环。赵慕岳与吕海波等人认真分析了压块各部分的颜色,发现有深浅之分。虽然是双向压制,但是在压块上部的颜色较深,而下部的颜色较浅,所以压块下部的密度还可以再提高。因此采用双向压制,不要脱模再在同样的压力下换向压一次就很好的解决了这个问题。经过研究小组的不懈努力,终于得到了符合使用要求的碳化硼块,但此时关于碳化硼的烧结任务又摆在了研究小组的面前。

在碳化硼的烧结方面,传统的方法是采用真空炉烧结,但每一炉只能烧 8 块,而且升降温的时间相对较长,更麻烦的是真空炉使用玻璃灯罩容易碎裂。用传统的真空烧结方法很难完成年度任务。碳化硼的烧结主要是致密化的问题,所以便采用碳管炉进行烧结。但碳管炉最大的问题是炉管径向温度场不均。因为碳管炉石碳管直接通电发热,炉壁温度高,在坯靠炉壁处收缩就会变大,通过烧舟的设计,便可以很好地解决这个问题。同时生产效率大大提高,所以很快就顺利地完成碳化硼的生产任务。

经过三年的研究,1964 年 10 月完成了科研任务。1964 年 12 月接受了第一批产品的试制工作,1965 年为反应堆提供了批量产品。产品在堆中工作了近二十年,黑度没有降低,性能依然良好,仍可以继续使用。此后,学院又为多个反应堆继续提供产品。碳化硼粉和制品还在原子反应堆屏蔽墙、磨料、切削工具和石油勘探牙轮钻头表面复合等方面获得了广泛的运用,碳化硼烧结块的研究成功,不仅填补了我国该材料的历史空白,更为我国发展原子能事业作出了突出的贡献。该项目成果于 1978 年获得冶金部和湖南省科学技术大会奖,同年获得国家科学大会奖。

3.2　疾风劲草,自强不息(1967—1979)

3.2.1　迎难而上,努力开展科学研究工作

1966—1967 年间,新材料研究室的所有科研工作一度中止。1968 年 12 月 31 日,新材料研究室的部分教师(约 40 人)被下放到湘西大庸县沅古坪公社劳动。1969 年春节后,在湘西劳动的员工自发推选祝和斌、李慰楚等三人回校与军宣队交涉,要求按照毛主席"抓革命、促生产"的最新指示恢复生产。由于群众的强烈要求,1969 年 4 月 7 日和 5 月 3 日,以"中国人民解放军冶金工业部军事代表生产组"的名义两次函商"湖南省革命委员会生产指挥组",建议恢复新材料研究室的科研生产工作。

1969—1979 年,这十余年间,新材料研究室的科研再没中断,在"文化大革命"的大背景下,那些自强不息的老师们承担了一系列的科研,出色地完成了党和国家交给他们的任务,并荣获了多项国家成果奖。他们不仅为我国国防军工事业的发展作出了突出的贡献,更为我国综合国力的提高贡献了自己宝贵的青春。以弥散强化无氧铜、三叉戟飞机刹车静片、粉末冶金钼喷管和碳化硼气浮轴承的研制为代表的科研项目成为该时期科研项目的重点。

1) 弥散强化无氧铜的研制

1969 年,电子工业部下达给中南矿冶学院新材料研究室关于研制"弥散强化无氧铜"的任务。该课题于 1970 年初展开研究,初期参加研究的主要人员有梁志君、张吟秋、刘中、雷长明、李美英和胡庆纯等人。采用的主要方法是粉末冶金内氧化法和压力加工(挤压)工艺制取。1971 年 3 月,制得的样品基本能够达到高导热性能、导电性能,但是材料存在钎焊起泡的严重缺陷。1972 年开始,研究小组成员又增加了邱光汉、张寿生等同志,着力解决材料钎焊起泡的重要问题。

图 3-1　弥散强化无氧铜项目荣获全国科学大会奖

经过相关科研人员的不懈努力,终于解决了材料钎焊起泡的问题。该课题前后经过 6 年，研制出了 4 种牌号的弥散强化无氧铜材料，这种材料具有高导热、高导电、高强度的优良性能，是一种比较理想的微波器件结构材料。1977 年 4 月 13 日至 4 月 17 日，由冶金部和四机部在桂林联合召开了科技成果鉴定会议，会议代表一致认为该材料的主要性能指标均达到或超过了科研协议书提出的要求，并同意该材料转入小批量试制。研究成果于 1977 年上报，并于 1978 年获得了全国科学大会奖。

1980 年电子工业部认为弥散强化无氧铜成材率过低（＜20％）并且价格昂贵，所以提出了"进一步提高弥散强化无氧铜的性能"的研究课题任务，要求材料的成本在下降 40％ 的同时，成品率要不低于 35％，同时微波管还要满足轻型化、耐高温、高强度、长寿命以及高可靠性等条件。研究成员再一次攻坚克难，于 1984 年 4 月出色地完成了任务，1984 年 11 月 2 号，通过了部级鉴定会议 ——"复杂应力状态下良塑性弥散强化无氧铜材料和应用的研究"。

2）粉末冶金钼喷管的研制

粉末冶金钼喷管的研究任务来源于冶金部。该课题研究工作开始于 1973 年 4 月，参加课题研究的主要成员有刘华佾、王零森、李溪滨、邹志强等人。

课题组的研究人员对现有的生产材料进行了严格筛选，在经过长达五年的试验研究工作之后，最后确定了一条独具特色的工艺生产路线。在经历了大量的试验研究之后，终于得到了符合要求的成品，不仅减少了导弹故障的发生率，同时还提高了材料的利用率。该课题于 1978 年 5 月由冶金部与五机部联合召开了科研成果鉴定会议。会议代表一致认为该材料抗高温燃烧和冲刷性能良好，尺寸形状基本符合要求而且工艺简单，与会代表一致同意该材料可以转入小批量试制阶段。该研究成果于 1979 年上报，1980 年荣获国防科工委科技进步三等奖和全国科学技术大会奖。同时，该材料自转入小批量试制阶段以来，先后为国家研制成品，为发展我国的国防事业作出了重要贡献。

3）三叉戟飞机刹车静片的研制

1975 年，国家计委军工局下达了关于"研制三叉戟飞机刹车静片"的任务，委托单位是中国民航总局。时任新材料研究室副主任的吕海波同志接到任务以后，立即组织了相关人员开展科学研究工作，参加研究的主要成员有廖鹏飞、谭明福、贺奉嘉和黄汉和等人。

1975 年底，课题小组克难攻坚，完成了惯性台试验样品的研究工作。1976 年 6 月，中国民航总局、三机部 621 所和 609 所、一机部北京市粉末冶金研究所以及中南矿冶学院等单位在桂林联合组织了第一次惯性台试验，试验的结果表明该材料的性能基本接近或达到了英国同类产品的性能指标，同意该材料投入航班试飞。1977 年 8 月，三叉戟飞机刹车静片在广州民航局白云机场装机试飞，至 1978

年6月，刹车静片在航班飞行使用中寿命达401次平安起落。冶金部和中南矿冶学院等单位联合召开了技术鉴定会议。会议认为：中南矿冶学院研制的三叉戟飞机刹车静片的性能已经达到了科研协议书提出的性能指标，可以投入小批量试制。自1979年开始到1981年底，累计共研制三叉戟飞机刹车静片产值达186.6万元。经过1979年至1981年的试制工作，三叉戟飞机刹车静片的生产工艺基本定型，并于1982年召开了生产工艺定型工作的研讨会议。

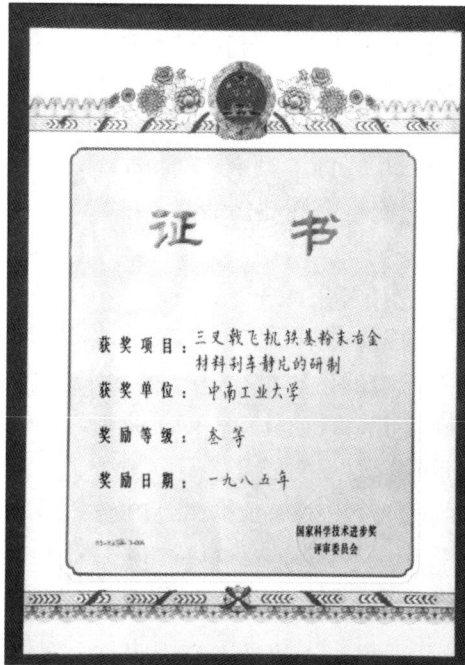

图3-2 三叉戟飞机刹车静片的研制项目荣获三等奖

经过生产工艺定型后，三叉戟飞机刹车静片转入了成批量生产。该材料的研究成功，不仅彻底改变了我国三叉戟刹车静片完全依赖英国进口的被动局面，节省了大量外汇，而且填补了国内关于飞机刹车静片研究的一项重要空白，在为发展我国民航事业作出贡献的同时也为以后新型飞机刹车副的研制提供了宝贵的借鉴经验。1979年，该产品被国家计委、机械部、商业部评为第一批"全国优秀产品"，该科技成果于1985年获得国家科技进步三等奖。

4) 碳化硼气浮轴承的研制

碳化硼气浮轴承材料的研制任务来源于冶金部。该课题研究开始于1974年初，参加课题研究的主要成员有黄汉泉、肖开华和方寅初等人。经过长达七年的试验研究工作，于1980年10月，由冶金部委托湖南省冶金局在长沙召开了成果鉴定会议，参加会议的单位有三、六、七机部的有关院、所、厂和冶金部 601 厂、中南矿冶学院等单位的代表。经过鉴定，该材料已经完成了原科研协议书中提出的各项性能指标，不仅完全满足了气浮陀螺马达轴承的使用要求，而且该材料比原使用的钢结硬质合金抗卡性好且耐锈蚀，并建议可转入小批量试制。该成果于 1980 年上报，荣获了 1981 年度冶金部科技进步三等奖。

3.1.2 急军工所急，完成大批量军工新产品试制任务

在 20 世纪 70—80 年代，为了加强我国的国防建设，能够承担几项国防军工新产品的试制任务是一件十分光荣的大事。每年都要召开全国性的军工新产品订货会，到会的需求方是军事工业的部委和企业单位的代表，供给方主要是冶金部、化工部等部委和高校与企业单位的代表。中南大学粉末冶金研究院是军工新材料重要的研制单位，每年要承担几十项军工新产品的试制任务，这个时期主要有钨基高比重合金、飞机刹车材料、钼喷管和碳化硼块等。

原中南矿冶学院院长唐楠屏一再强调，"要发展军事工业，便要重视新材料的研究，同时研究成果还必须尽快转化成新产品"。

首先是钨基高比重合金军工新产品的试制。由于钨基高比重合金的性能特殊，是导航陀螺仪转子的首选材料。因此，对于钨基高比重合金产品的需求量非常大、其试制任务最多的一年承接了七十余项，这些试制任务的完成为我国多项重大军事工程项目的完成作出了重要的贡献。

其次是三叉戟飞机刹车材料的批量试制。限于技术原因，国内不得不从英国购买刹车片，而当时从英国购买的刹车片每片达 6 英镑，同时还必须先订购一年的货品，如果要追加订货量，又必须增加 20% ~30% 的差价。众所周知，飞机刹车材料属于易耗品，这样巨额的刹车材料需求，不得不使我们从自身实际出发，研制出具有自主知识产权的三叉戟飞机刹车材料。经过不懈努力，研制出的飞机刹车材料不仅质量好，而且使用寿命长，同时生产成本还大幅降低。不仅可以节省大量外汇，同时还可以节省投入，而我们又能从中赚取大量利润，为粉末冶金新材料的研究提供了资金支持，从而促进了我国粉末冶金科学技术的发展。

第三是碳化硼块的试制。要发展我国的原子能事业，控制材料的批量试制具有重要的意义。当时国外势力对我国实行了严密的技术封锁，只能依靠自身力量研制碳化硼块，并且要进行大批量生产，当时克服各种困难，保质保量地完成了军工订货的需求，为我国国防工业的发展作出了重大贡献。

综上所述，在 20 世纪 70—80 年代，除了承担了大量的科研任务之外，还急军工之所急，承担了大量的军工新产品的试制任务，不但满足了我国国防建设对新材料、新产品的需要，还为国家节省了大量外汇，同时也更好地印证了"科学技

术是第一生产力"论述的正确性,并为粉末冶金科学技术开展长期的科学研究提供了大量资金,促进了我国粉末冶金事业的飞速发展。

3.3 振翅高翔,再创佳绩(1980—2002)

为了进一步提高教学质量,增强科研水平,请示冶金部和湖南省委的批准同意,中南矿冶学院党委决定以新材料研究室为基础,成建制地成立粉末冶金研究所。1979年12月13日下午,在院风雨操场召开了粉末冶金研究所成立的大会。会议由卢大森同志主持,院党委书记尹北岑,院长罗拉,副院长陈新民、马效云、黄培云、白贤英等领导参加了会议。党委书记尹北岑同志宣读了湖南省委关于在我院成立粉末冶金研究所的批示,并宣布了关于粉末冶金研究所干部任命的决定,副院长兼粉末冶金研究所所长黄培云同志作了"努力办好研究所,多出成果多出人才"的报告。

当时粉末冶金研究所的组织情况是:所党总支书记傅明仲,副书记卢大森同志,所长由黄培云教授兼任,副所长由吕海波同志担任。研究所设一个办公室统管全所的行政业务工作,办公室有副主任黄祖修、林彩东、黄建忠、陈流太、肖诗喜。所下设第一研究室,主要从事钨钼难熔金属材料的研究工作,室主任王零森,副主任马康竹,党支部书记黄栋生。第二研究室主要从事弥散强化材料、粉末钛合金、多孔材料及固体润滑减摩材料,室主任黄国伟,副主任谢裕厚、张吟秋,支部书记方富初。第四研究室主要从事粉末冶金摩擦材料、异型钼制品,高比重合金的研究与新产品的试制,室主任赵慕岳,副主任谭明福、廖鹏飞,党支部书记张保军。第五研究室主要从事化学、物性、力学性能的检测工作,室主任薛健,副主任温世达,党支部书记李晋尧。第六研究室主要从事机电修理、仪表检修、非标设备模具设计制造工作,副主任何辉仁、王建业、张贤京,党支部书记陈方安。

1980年元月,院党委决定将材料系的粉末冶金教研室并入粉末冶金研究所。从此,粉末冶金研究所形成了"教学—科研—新产品试制"三位一体的综合性专业研究所,人员编制扩大到256人。

粉末冶金研究所还是中国有色金属学会粉末冶金与金属陶瓷学术委员会、中国粉末冶金五协学会联席会议、国家科委冶金新型材料专业组粉末冶金专业组、国家科委材料科学学科组第七课题组等多个全国性学术(中心)机构的挂靠单位。

"科学技术是第一生产力""科教兴国""改革开放"的大环境给粉末冶金研究所带来了重大发展机遇。1985年7月29日经国家教委批准,中南矿冶学院改名为中南工业大学,标志着学校从单一性工学院向综合性工业大学的转变。中南矿冶学院粉末冶金研究所随之改名中南工业大学粉末冶金研究所。1979—1989年,研究所主要从事的科研项目有"高温减摩材料""新型钨基高比重合金""高性能硬

质合金""TU – 154 飞机制动材料""自润滑材料""整体钼喷管"等。其中 TU – 154
飞机制动材料研究进一步拓宽了粉末冶金摩擦材料的研究范围。除研究刹车静片
之外还研究了粉末冶金动片的共同作用，为大功率制动材料的开发积累了丰富的
经验，显示了良好的经济前景，支撑了研究所的发展。该项目获得了国家科学技
术进步奖，同类型刹车片以优异的性能出口俄罗斯，替代原装产品，成为我国第
一个航材出口件，受到党和国家领导的高度评价。此时粉末冶金研究所具备了一
定的自我发展能力，教学促进生产科研，科研支撑教学，还形成了教学与科研相
结合，基础理论研究与应用理论相结合的内部运行模式，在承接对外课题服务方
面，形成完成国家计划与寻求市场需求相结合，军品研究与国民经济建设需求相
结合的模式。

3.3.1　丰富多彩的科技成果

该时期是中南矿冶学院设置粉末冶金专业以来科研成果最为丰富的时期，也
是获得奖励最多的时期。自粉末冶金研究所成立以来，共承担了近 400 项省部级
与横向科研课题任务和军工新产品的试制任务，其中有一百五十余项科技成果获
得了国家和省部级以上的奖励，发表了近 3000 篇学术论文并取得了三百多项专
利成果。下面选择其中一小部分简单介绍。

1) 仲钨酸铵制取蓝钨、钨粉研究

稀有难熔金属钨是一种极为重要的战略资源。我国是钨的资源大国，钨资源
储量占世界总资源储量的 50% 以上。但直到"六五"末，我国钨业科技发展依然
缓慢，生产水平和生产能力都十分落后，而大量出口廉价的钨矿砂的后果却是要
用相当 100 倍以上钨矿砂的价格进口钨制品和硬质合金制品。这不但给我国经济
发展带来严重的制约，造成了重大的经济损失，同时严重制约了我国整个钨领域
科学技术的发展。为了彻底改变我国钨业科技发展落后的面貌，1983 年，中国有
色金属工业总公司决定组织"全面提高我国硬质合金质量联合攻关"的攻关战役，
其中碰到的重要问题就是要提高原料钨粉的质量及其技术含量，提出了"仲钨酸
铵制取蓝色氧化钨、钨粉"的科研攻关项目。

参加蓝钨项目攻关的共有 4 个单位，分别是株洲硬质合金厂、中南矿冶学院
粉末冶金研究所及稀冶教研室、北京有色金属研究院和北京钢铁学院。由中国有
色金属工业总公司统一协调，其中株洲硬质合金厂总工程师张荆门和粉冶所副所
长吕海波分别担任攻关正、副组长。各单位共提出 32 个技术研究项目，形成了
15 个子课题。粉末冶金研究所和稀冶教研室的攻关人员主要有：吕海波、邹志
强、吴恩熙、张玉华、钱崇梁、张瑞福、曾昭明、赵秦生等人。

项目研究过程中采用了先进的"蓝钨工艺"，涉及从钨矿石(精矿粉)冶炼提
纯—高纯度仲钨酸铵—特有成分和结构的蓝色氧化钨—各种型号与级别的钨粉和

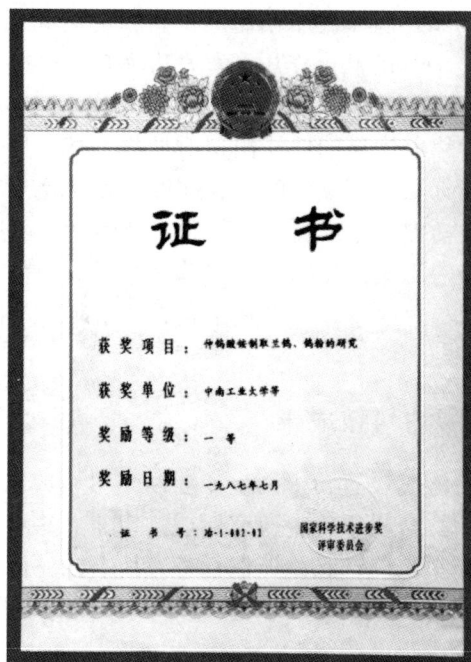

图 3 - 3　仲钨酸铵制取蓝钨、钨粉的研究荣获一等奖

碳化钨粉,前后包括十几道工序,是很长的生产线的综合工艺技术。项目的研究既有多项系统的实验研究,又有一系列关键工艺装备的研制与改造,项目研究历时三年,克服了诸多困难,终于于 1987 年年初完成任务,使得我国硬质合金行业中常用的钨粉、碳化钨粉产品质量跨上了一个新的台阶,蓝钨质量达到美国、联邦德国同类产品的水平,同时从亚微米级极细颗粒到 30 μm 的超粗颗粒,共 7 种级别钨粉的各项综合技术指标达到了国际同期先进水平。这为根本改善我国钨制品和硬质合金产品的质量提供了重要技术保证,也为我国硬质合金"七五""八五""九五"技术攻关和全行业技术改造奠定了坚实的基础。此外,该项目的完成也创造了较大的直接经济效益,根本改变了我国依赖进口高质量钨制产品的局面,同时为我国国防军工和航空航天事业的发展提供了有力的技术支撑。

　　1986 年 10 月,项目获得了中国有色金属工业总公司科技进步一等奖。1987年 7 月,项目荣获国家科技进步一等奖。

　　2)钨基合金及表面硬化处理的研究

　　为了增强我国的综合实力和国防力量,1977 年底国家下达了关于"钨基合金及表面硬化处理的研究"任务。参加研究的人员有王伏生、赵慕岳、黄建忠、吕海波和梁容海等人。从 1978 年开始,经过多年的系统研究,首先完成了钨基合金的研发并成功应用于国防武器和尖端科学技术领域。在我国所有的国产歼击机、轰炸机、导弹、核潜艇、人造卫星导航陀螺仪中均得到广泛使用，并随后研发出 W - Ni - Cu 系和 W - Ni - Fe 系等多种钨合金系列，都得到广泛的使用。

在此基础上，研究出了一套独具特色的钨合金表面硬化处理的技术，并经过研发测试，完全达到了通信卫星所要求的技术性能指标，为我国 1984 年成功发射第一颗通信卫星作出了极大的贡献。该成果同时还应用于 1985 年研究的第二代通信卫星，并于 1985 年荣获国家科技进步三等奖。

3）高精度陀螺用大膨胀系数、高均匀度钨合金研制

在导航陀螺仪中，由于钨基合金的膨胀系数低，导致与其匹配材料因膨胀系数而产生热应力，使飞行体质心漂移，同时材质的均匀度不理想，加工过程中靠打孔解决陀螺转子的动平衡问题，然而由于在转子中打孔，陀螺高速运转时产生噪音将严重影响仪表的精度与稳定性。因此国家科委和国防科工委在"七五"期间将研究新一代的大膨胀系数钨合金作为了一项重大科技攻关项目。参加研究的成员有王伏生、周载明、梁容海、赵慕岳、吕海波、陈乾坤、陈昌誉和蒋向阳。研究的完成使得各项技术指标均达到了同期的国际先进水平，成功地解决了我国陀螺仪寿命短、运动不稳定以及质心漂移等重大问题，除此之外，产品还具有振动小、噪音低、功耗低等优点。成功填补了我国长寿命液浮惯性器件的空白，并已成功推广应用于多种运载火箭发射"澳星"，以及"神舟五号"飞船的发射等几十项国家重点工程项目中。由于在我国众多军工、航空航天领域的成功应用，带来了显著的社会经济效益。该项目成果于 1996 年获得"国家科技进步三等奖"。

4）图 - 154M 飞机刹车副的研制

1987 年 3 月，该课题任务由中国民航总局提出，同冶金工业部协商下达中南工业大学粉末冶金研究所。主要的组成人员有刘华佾、谭明福、熊翔、刘先交、袁国洲等。该课题在所领导的直接指挥协调下，同当时的设计组、机修、四室、五室等单位共同完成。

图 - 154M 飞机是我国 20 世纪 70—80 年代，从苏联购买的客机。这种飞机的刹车副，其设计、采用的材料和工艺并不是十分合理；刹车副在使用过程中表现出刹车力矩偏小、刹车盘骨架断裂、使用寿命短（一般为 150 ~ 250 次起落）等问题。而刹车副的原进口产品是炭/炭复合材料刹车副。炭/炭材料制成小片固定在钢碗内，然后点焊在刹车盘钢骨架上。由于苏联炭/炭制动材料质量和工艺均不成熟，使用中小块炭/炭材料便容易脱落，刹车效果也不甚理想，寿命短，造价成本就显得极为高昂，同时供货也不及时。因此该项目的研究内容主要包括两种粉末冶金摩擦材料和一种粉末冶金对偶材料，两种刹车副的结构改型及骨架材料的选型加工处理等工作。

1987 年 4 月，研究人员开始了相关探索研究。首先是仿制苏联原产品。同年

10 月，通过地面惯性台动态力矩模拟试验。1988 年试飞试用，研制的刹车副达到了苏联产品的水平，但原产品固有的缺陷仍未完全克服。后来，经过充分的研究，对的刹车副重新设计改型，研究出具有自主知识产权的高性能粉末冶金摩擦材料和粉末冶金对偶材料。从结构和工艺路线等方面都做出了根本性的改进。结果这种国产刹车副在图－154M 飞机上使用，不但刹车力矩大，而且使用寿命提高了 1～2 倍，一般在 300～500 次起落。1995 年刹车副在俄罗斯图－154M 飞机制造厂刹车配套厂家(红宝石厂)进行地面惯性台动态力矩模拟试验，得到了十分满意的效果，并得到了俄罗斯专家和国内民航的高度评价，同时还取得了俄罗斯图波列夫设计院、俄罗斯航空联合会颁发的"刹车副生产许可证"。从而刹车副可以销往国外，包括返销至俄罗斯及其他东欧国家，为国家节省大量外汇的同时赚取了大量的外汇。

对刹车副，采用自己研制的粉末冶金摩擦材料耦合减重措施，代替苏联炭/炭摩擦耦合取得成功。在解决了当时我国和俄罗斯的炭/炭刹车材料技术远不成熟的问题的同时，也大大降低了飞行成本，节省了外汇，满足了中国民航和空军对产品的需要。该成果于 1992 年荣获中国有色金属工业总公司颁发的"科学技术进步一等奖"，并于 1997 年荣获中华人民共和国教育委员会颁发的"科学技术进步二等奖"，于 1998 年荣获中华人民共和国科学技术部颁发的"国家科技进步三等奖"。

5）旋转调谐变频磁控管的研制

旋转调谐变频磁控管是捷变频雷达的心脏部件。粉末冶金研究所参与该课题的主要人员有李溪滨、苏春明、谭林英、吕海波、方寅初和张金生等。

通过几年的共同努力工作和积极协作，克服了材料导致的阴极中毒、材料挥发对管内真空度的破坏以及材料磨损和磨屑等重大问题，最终采用了北京 1412 所研制的磁控管组合、洛阳轴承研究所的轴承内外圈和中南矿冶学院研发的高温高真空全方位自润滑轴承保持架，两只磁控管整管满功率台架试验顺利地通过台架试验，全面完成了任务书中的各项技术指标。经过会议鉴定，该成果得到了与会专家的充分肯定和一致好评，为国家未来现代化的电子战争奠定了良好的基础。

6）高均匀度、高致密度碳化硼气体动压轴承材料的研制

该项目为国家"六五"(1980—1985)科技攻关项目，项目的主要研究人员有王零森、周荣兴、蒋辉珍、吕海波、杨菊美、邓克勤、李洪湘等。1985 年 11 月 29 日，中国有色金属工业总公司和航天工业部联合鉴定，轴承材料的各项指标达到或超过了国外同类材料报道的最高水平，在国内居领先地位。该项目研究的成功为提高我国航空、航天、航海仪表的精度、可靠性和寿命在材料方面起着重要作用。该项目也于 1986 年 10 月荣获中国有色金属总公司"科技进步三等奖"。

7）高精度陀螺马达气浮轴承微晶碳化硼材料的研制

陀螺马达是导航仪的心脏，而轴承则是心脏的心脏。此前，我国陀螺的寿命仅为半年至一年，价值数亿元的飞行器仅仅因为陀螺寿命的终止而报废，不仅造成了巨大的经济损失，而且贻误战机。传统的滚珠轴承因为太空恶劣的环境受到了极大的挑战。气浮轴承于 20 世纪 70 年代英、美、德等西方国家就有使用的相关报道，其最长寿命达 13 年。攻关小组（王零森、周荣兴、方寅初、邓克勤、蒋辉珍、杨菊美、吕海波和李晋尧等人）开始了克难攻坚战，气浮陀螺对轴承的要求十分苛刻。国内外曾使用过数十种材料，证明碳化硼是最理想的。

经过不懈努力，研制成功的微晶碳化硼材料经过上述一切地面试验考核，并装备于我国研制的新型陀螺仪上。其性能达到国际同类陀螺水平，项目成果获得"国家科技进步二等奖"。

8）坚持教学、科研、生产相结合，促进粉末冶金学科的发展

粉末冶金研究所是中南工业大学第一个所办专业的改革试点，参与粉末冶金学科发展研究的主要人员有黄伯云、黄培云、姚德超、李溪滨和黄和平等。学科教学改革的特色是：以高标准学科建设为龙头，教学与科研紧密结合，形成教科产良性循环，在保证加强基础的同时，全方位提高学生的实践能力，努力实现多出高质量人才和高水平成果。学科改革的成果是：全面贯彻和落实党的教育方针，建立了"教科产三结合"的强大基地，创建了国内一流、国际有重要影响的粉末冶金学科；通过"三结合基地"的建设，造就了一支具有良好政治和业务素质的教师队伍；改革课程体系，改革教学内容和教学方法，注重提高学生的素质和能力，多层次培养各类高质量专门人才；以教学和科研为中心，促进本学科的发展。

第一，建设"教科产三结合"基地，创建国内一流、国际有重要影响力的粉末冶金学科。20 世纪 60 年代创建了校办粉末冶金厂，70 年代在益阳市粉末冶金厂建立了校外三结合基地，90 年代创建了粉末冶金国家重点实验室，使粉末冶金学科建设登上了一个新台阶。第二，"三结合"基地建设，为学科发展造就了一支素质良好的教学和科研队伍。以著名的粉末冶金专家、中国工程院院士黄培云教授为学术带头人培养了一支具有良好的政治素质的老中青相结合、以中青年为主的教学和科研队伍。第三，改革课程体系，改革教学内容和教学方法。在本科生中加强了基础，拓宽了专业面；大胆改革教学方法，重组教案，新编教材，有多种教材获得了国家级、省部级奖励。第四，发挥学科优势，多层次培养专业人才。通过"给任务、压重担、出成果、出人才"的体系让各层次优秀人才承担重点科研项目，在实践中锻炼成长。第五，以教学和科研为中心，形成本学科高速发展的良性循环。80 年代以来，学科在培养各层次高质量学生的同时，获得省部级科技成果奖 150 余项，其中国家科技进步奖、国家发明奖、国家自然科学奖等国家级奖励近 20 项。相关教学改革成果于 1997 年荣获"湖南省教学成果一等奖"，并于

1998 年荣获"国家教学成果二等奖"。

9）特种车辆发动机涡轮增压器自润滑止推轴承材料的研究

涡轮增压器是提高发动机功率、保证车辆使用性能、节省能源消耗以及改善环境污染等有效的技术途径。同时，涡轮增压器止推轴承还是保障整体系统正常运行和工作寿命的关键部件。该项目的主要研究人员有李溪滨、苏春明、王建业、谭林英、程时和、李美英和刘如铁等人。

国内外检索结果表明，20 世纪 60 年代以来，都采用熔铸减摩合金棒料加工成制品，该方法最大的缺陷便是产品的自润滑性能差，在发动机启动和停转的一瞬间容易出现烧结卡死的现象，导致整台系统寿命终止。研究首次提出采用先进的粉末冶金近净成形技术来制造该类产品，以减摩合金粉为基体，添加微量合金弥散强化元素，以及少量具有自润滑性能的化合物，复合成为一种既具有合金基体能满足产品技术要求的物理和机械性能，又赋予优良的摩擦、磨损、固液复合润滑的特性，是一种新型的功能材料。现在该技术已经获得了国家专利。

用该材料制成的产品在国内最权威的中国兵器工业下属单位进行多次大循环台架试验，试验结果表明：粉末冶金自润滑止推轴承的自润滑性能及摩擦磨损性能均很优良，尤其在高温突然断油情况下（发动机突然停车），仍然能保证良好的润滑和可靠的运转。可靠性优于原熔铸棒料加工的止推轴承。该成果于 1998 年获得了中国有色金属工业总公司"科技进步一等奖"。目前，该新型产品已在国资增压器主机公司得到了全面推广应用。

10）高性能粉末冶金飞机刹车材料制造

粉末冶金摩擦材料是由金属及非金属粉末经压制烧结而成，主要是以金属及其合金为基体，添加摩擦组元和润滑组元，以粉末冶金技术制成的复合材料，是摩擦式离合器与制动器的关键组件。从 1955—1975 年，来自美国、苏联、德国的科学家对铜基、铁基、铁铜基粉末冶金摩擦材料进行了大量研究，取得了丰硕的研究成果。在此期间，分别又有科学家对原料配方、压制工艺和烧结工艺进行了研究，并获得了一系列的专利技术，使得粉末冶金摩擦材料的制备技术逐渐成熟起来，加快了工业化的进程。

尽管我国对粉末冶金摩擦材料的研究起步较晚，但是发展尤为迅猛。90 年代，中南工业大学粉末冶金研究所的科研人员（熊翔、黄伯云、姚萍屏、王建业、张振国、白燕麟）在国家项目"高性能粉末冶金飞机刹车副材料"的研究中，对基体、摩擦组元和润滑剂三类具有不同作用的组分分别进行了优化设计，提出了金属与陶瓷颗粒的复合强化技术，刹车材料骨架的梯度复合技术，以及特种粉末冶金制备技术，突破了传统刹车材料存在的两大技术难关，产品性能达到了世界先进水平，全面实现了某型战机刹车材料的国产化。该成果于 1997 年荣获"国家科学技术发明二等奖"。

11）装载车辆发动机涡轮增压器自润滑浮动轴承研究

目前，世界先进工业化国家在主战车辆、高性能汽车和舰艇船舶等领域，几乎都采用了涡轮增压技术，当今车辆已进入涡轮增压化时代。涡轮增压器由于浮动轴承处于高温、旋转、离心力大等特殊情况下工作，是保证涡轮增压器系统正常运转和工作寿命的关键元件。我国自行设计某火炮装载车发动机涡轮增压器浮动轴承是用棒料加工产品，由于其自润滑性能差，在高速旋转时因供油滞后，容易出现烧结、黏卡和单边磨损等情况，而且加工成品率低。

研究首次采用先进的粉末冶金近净成形技术，并优化基材、强化组元、改进工艺参数、固液润滑技术等。通过研究小组人员李溪滨、刘如铁、王小乐、程时和、朱爱国、熊拥军、赵福安和苏春明等人的不懈努力，成功地制造出具有良好的物理机械性能和优异的摩擦、磨损和自润滑特性，使其综合性能全部达到任务书中的各项技术指标，而且与原用材料相比，其材料利用率由 40% 提高到 95%，成品率提高了 2.5 倍，成本下降了 1/3。经过涡轮增压器主机生产企业和权威高校、研究所的检测、台架试验和工业化的批量使用，结果表明：该材料主要性能指标达到当今国外同类型产品水平，填补了国内涡轮增压器行业的一项技术空白。该技术现在已经获得多项国家专利，同时该成果于 2002 年荣获中国有色金属工业总公司"科技进步二等奖"。

12）铁基、钨基复杂精细零部件注射成形技术

从 1995 年 1 月到 2002 年 10 月，项目小组人员黄伯云、李益民、梁叔全、曲选辉、范景莲和李松林等人经过长达 8 年的研究，在进行了比较系统的理论研究的基础上，创造了一系列具有自主知识产权的新技术。主要表现在：通过高能球磨获得了纳米晶高比重合金粉末原料；发明了环保型黏结剂体系；发展了流变学理论并用于指导喂料制备和优化注射成形工艺；开发了快速溶剂脱脂技术；设计制造了高均匀性一步脱脂烧结炉；开发了钨－钢集束箭弹注射成形技术；建立了 MIM 高比重合金固相＋液相两步全致密化烧结及变形控制技术；生产和开发了多种注射成形产品，具有比以压制/烧结为代表的粉末冶金工艺产品更好的力学性能、微观组织、尺寸精度，制备成本大幅度降低，并可以制造用其他方法难以生产的特殊产品。该研究的系列技术已经成功应用于我国国防工业能动弹、新型火炮炮弹、驻港部队新式手枪关键零部件的批量生产。

该技术生产的计算机外部设备、医疗器械和移动通信等所需关键部件满足了国民经济建设的迫切需求。研究完成了 4 项科技成果鉴定，申请和批准发明专利各 4 项。形成了具有自主知识产权的具有国际先进水平的金属粉末注射成形技术，使得我国粉末冶金零部件制备技术跃上一个新台阶，为航空航天、国防军工部门研制新型武器及民用支柱产业新产品的关键部件的制备提供了理论和技术支撑。该项目成果于 2003 年荣获"国家科技进步二等奖"。

13）集束箭弹小箭的金属注射成形技术

集束箭弹项目的主要研究人员有曲选辉、李益民、黄伯云、邱光汉、曾舟山、王光华、王繁平和李志林等人。通过科研小组人员的不懈努力，发明了二步烧结全致密无变形组合烧结技术，解决了不同材料结合强度的难点，产品力学性能优良，微观组织均匀，具有均匀的尺寸收缩率和高的尺寸精度。MIM 技术制备集束箭弹杀伤力大大增强，其飞行的稳定性、存速能力、终点穿透性及中靶密集度都达到或超过了国际先进水平，军方对此进行了高度评价。该项目成果于 1998 年荣获中国有色金属工业总公司"科技进步二等奖"。

14）金属粉末注射成形理论研究与应用

该项目的主要研究人员有黄伯云、李益民、梁叔全、曲选辉、范景莲、李松林、曾舟山、张健、李笃信、蒋炳炎、邓忠勇和唐嵘等。项目研究的主要内容是研发粉末注射成形产业化过程中的一些关键技术和关键设备问题，为今后工业化生产线建设提供技术依据、成套生产工艺和装备制造技术。同时，进一步改进粉末注射成形技术，不断开发出新材料体系的粉末注射成形工艺和产品，为中试生产线提供源源不断的可转化的科技成果。项目已经圆满完成计划任务，共取得了相关专利 14 项，其中发明专利 12 项，实用型专利 2 项。该项目成果于 2001 年荣获中国有色金属工业总公司"科技进步一等奖"。

15）不锈钢医疗器械异形件的粉末注射成形技术

不锈钢医疗器械牙齿矫形托槽、颊面管系列产品具有品种繁多、体积小（约60 mg）、形状复杂、有凹槽、管状通孔、球体及多个曲面和尺寸精度高（±0.02 mm）等特点，用传统的机加工、线切割的方法生产容易黏刀，凹槽粗糙、球体不圆、拉钩易脱落。项目小组李益民、黄伯云、李松林、李笃信、邓忠勇、唐嵘、曲选辉、曾舟山和蒋辉珍等人提出采用注射成形工艺改进生产技术，之后，其加工工艺变得简单，并可以做到设计更加精细，扩大矫正器制作的范围，提高整畸牙齿移动的效率。经北京大学口腔医院、第四军医大学等我国一流的医院及整畸界权威人士使用验证，项目生产的产品采用整体加工，避免了拉钩脱落，口外弓管开裂等不良现象，且整体圆滑，沟槽尺寸精度高，不刺激软组织，减轻了患者的痛苦。胃镜活检钳头零部件为耐蚀不锈钢材料，重量仅有 0.04 g，最薄的部位只有 150 μm，尺寸公差要求在 ±10 μm，采用传统的机加工线切割工艺的加工难度很大，成品率极低，且尺寸一致性得不到保障，产品的表面十分粗糙，容易造成医疗事故。

采用本研究注射成形技术生产的产品外观圆滑漂亮，性能指标完全达到使用要求，在人体内工作时活动自如，对内部器官无任何伤害，得到了患者的好评，专家也一直认为该产品达到了进口同类产品的水平。以胃镜活检钳头开发成功为标志，本研究为内镜器械的国产化解决了关键精密零部件的制造难题，使得这一

价值十几亿元的市场领域改变其 95% 以上的进口局面。项目成果于 2002 年获得
湖南省"科技进步二等奖"。

16）高性能 γ - TiAl 合金的研究

金属化合物 γ - TiAl 基合金具有密度小、比强度和比弹性模量高、高温抗氧
化和抗蠕变性能优异等特性，作为一种新型轻质量高强度的高温结构材料，在航
空航天等领域都有着广泛的应用前景。然而，γ - TiAl 基合金室温脆性、冷热加
工和铸造成形性能差的问题却严重制约了合金的应用。

项目研究成员包括黄伯云、周科朝、曲选辉、贺跃辉和刘咏等人，他们在项
目研究中，开发出包套快速变形细化晶粒技术，开辟了解决合金室温脆性问题的
新途径，材料的室温延伸率达到了 3%，并在 900℃ 实现了伸长率 400% 的超塑
性。同时还研究了热处理工艺对合金组织和力学性能的影响，获得几种特征微观
组织的热塑性加工和热处理的优化工艺。在制品研究方面，开发出包套热轧粉末
冶金 γ - TiAl 基合金的工艺，轧制出了大规格的板材，解决了铸造合金组织粗大、
热加工性能差等不足，并简化了制品加工工艺。此外，还开发出粉末冶金的近净
成形技术，采用陶瓷模和热等静压工艺研制出增压涡轮样件，采用真空热压工艺
制备出燃油发动机用排气阀，发动机台架试验显示出优异的服役性能。该项目成
果于 1999 年获得中国有色金属工业局"科技进步一等奖"。

3.3.2　继续做好新产品试制，为创办高科技产业打好基础

1980—2002 年，是粉末冶金研究所大发展的时期，除了抓好科学研究、多出
成果、出大成果外，军工新产品的大批量试制与量大面广的民用新产品的开发也
是粉末冶金研究所的主要任务之一。

在 20 世纪 80 年代初，粉末冶金研究所第四研究室已经拥有 50 余人，除了继
续进行钨基高比重合金、飞机刹车材料等的研究外，还成立了三条新产品的试制
线，承担军工新产品的试制任务。

钨基高比重合金军工新产品试制任务每年承担 50 ~ 70 项，除了常用的高比
重合金的试制外，还开发出高精度陀螺用大膨胀、高均匀度钨基合金的新产品，
并成功地运用于多个重大军事工程项目中。开发出的钨基合金多达 20 个牌号，
近 100 个品种，充分满足了我国国防建设的急需，粉末冶金研究所也因此成为我
国军工用钨基合金的主要生产基地。

飞机刹车材料新产品的试制也是粉末冶金研究所的主要生产任务之一。三叉
戟飞机刹车材料一直是粉末冶金研究所独家垄断生产，在研制出图 - 154 刹车材
料后，由于拥有自主知识产权，并且其产品的性能和使用寿命都大大优于苏联的

产品，因此还取得了俄罗斯图波列夫设计院、俄罗斯航空联合会颁发的"刹车副生产许可证"，此后，生产的刹车副可以销往俄罗斯与东欧各国。特别是某型战机刹车副的研制成功，利用特种粉末冶金的制备技术突破了传统刹车材料存在的两大技术难题，产品性能达到世界先进水品，全面实现了某型战机飞机刹车材料的国产化。

钼喷管的试制任务是非常繁重的。由于从生产工艺到专用设备都有较大的创新，研制的钼喷管，不仅抗高温烧蚀和抗冲刷性能良好，而且大大缩短生产工艺，同时材料的利用率从棒材加工的16%提高至90%，大量节约了钼的用量，成本仅为棒材加工的40%，且生产率是原来的3倍以上。钼喷管的大批量试制为当时中苏边境军事对峙严重、应对苏联的坦克优势起到了重要作用，产品的大批量生产，为国防建设作出了重大贡献。

除了在军事工程上用的新产品外，从20世纪90年代开始，为了满足我国国民经济建设的需求，又在量大面广的民用新产品的试制任务方面取得了重大科技成果。特别是汽车工业的飞速发展对一些易耗品部件的试制任务已经是迫在眉睫的重大科研课题。到1995年，我国已经拥有近1000万辆汽车，每年汽车刹车材料消耗的产值达50亿元以上，而且大量使用的是石棉基制品，经发达国家研究发现，石棉基产品具有高致癌性，已经严禁使用。因此，在已经取得的研究成果的基础上，大量开发汽车用刹车材料成为当务之急。从1997年开始，便大批量生产夏利、桑塔纳等十余种无石棉汽车刹车材料，并且建成年产100万吨的中试生产线。在此期间，还开发出高速汽车用刹车材料，并可批量生产。

综上所述，粉末冶金研究所从建所到2002年的20余年间，一直非常重视科研成果转化为生产力的工作。一方面既解决了我国国防建设和国民经济建设对新材料与新产品的急需，另一方面也创造了大量利润为粉末冶金研究所的发展和科研创新打下了良好的基础。

3.4 新的纪元，新的征程（2002—）

经过艰苦卓绝的努力拼搏，2002年中南大学粉末冶金研究所发展建设成为粉末冶金研究院。粉末冶金研究院成立以后，秉承粉末冶金研究所的科研精神，开启了21世纪属于中南大学粉末冶金研究院的新的纪元，踏上了新的征程，开创了一片气势恢宏的天地，为国家的经济建设和国防、航空航天工业作出了更大的贡献。

2002—2013年，是粉末冶金科学研究取得成果最为丰硕的时期。粉末冶金研究院共承担了国家 973 项目 15 项，国家 863 高技术项目 35 项，国家自然科学基金项目 65 项，国防科研和国防军工科研任务 71 项，国防合作项目 15 项，还承担了大量的省级项目和横向科研项目。在这一大批科研项目中，有一些已经取得了重大的科技成果，其中获省部级二等奖以上奖励的成果有近 30 项，其中"高性能 C/C 航空制动材料的制备技术"于 2004 年获得"国家科学技术发明一等奖"，从而结束了我国该类奖项连续六年空缺的历史。该时期，粉末冶金研究院的师生员工在国内外重点期刊上发表论文二千五百余篇，获得国内外专利技术八十余项。

由于粉末冶金研究院在科学研究与新产品试制领域取得了重要成果，特别是在高科技产品的建设等方面取得了一系列重要成果，引起了我国高层领导的高度重视。2005 年 7—10 月，就有当时的中共中央政治局常委贾庆林，国务院总理温家宝，全国人大常委会委员长吴邦国先后来到粉末冶金研究院视察。随后来视察的还有中共中央政治局常委、中纪委书记吴官正，全国政协副主席、中国工程院院长徐匡迪，原全国人大常委会副委员长、中国科学院院长周光召，国务院副总理曾培炎，中共中央政治局常委李长春，科技部部长万钢，中共中央政治局常委、中央纪律检查委员会书记贺国强，国务院副总理李克强，国务委员刘延东。2013 年 11 月 4 日，中共中央总书记、国家主席、中央军委主席习近平亲临粉末冶金研究院视察，充分肯定了粉末冶金研究院师生刻苦攻关、勇于创新的精神，并强调我国经济发展要突破瓶颈、解决深层次矛盾和问题，根本出路在于创新，关键是要靠科技力量。要充分发挥高校人才荟萃、学科齐全、思想活跃、基础雄厚的优势，面向经济建设主战场，面向民生建设大领域，加强科学研究工作，加大科技创新力度，努力形成更多更先进的创新成果。

3.4.1 高科技成果不断涌现

在粉末冶金研究院发展建设的十余年间，全体科研人员经过奋力拼搏，在多个科研领域取得了一系列重大科技成果。已获得省部级科研二等奖奖励以上的部分项目简介如下：

1）高性能炭/炭航空制动材料的制备技术

航空刹车副属于飞机最重要的关键部件之一，其制造技术与质量均要求极高。作为新一代的高性能航空刹车材料，炭/炭复合材料具有重量轻、性能好、寿命长等优点，代表了当今世界航空制动材料的发展方向。20 世纪末，世界上仅有美、英、法三国掌握了航空刹车用炭/炭复合材料的制造技术，垄断了国际市场并对我国实行了严格的技术封锁，我国数百架大型民航客机全部依赖进口刹车材料。为了确保我国航空战略安全，必须依靠自有技术解决炭/炭刹车材料的研制问题。

从 20 世纪 90 年代开始，在国家计委和民航总局的大力支持下，以中国工程院院士、中南大学前校长黄伯云为首的创新团队(包括熊翔、易茂中、黄启忠、张红波、邹志强等人),经过 20 年的不懈努力,终于攻克了炭/炭复合材料制备过程中的一系列难题,在核心制备技术,关键工艺装备、试验规范和性能评价体系等方面均取得了重大突破,走出了一条与国外完全不同的技术路线,在国内外首创了具有显著特色和自主知识产权的高性能炭/炭刹车材料制备技术。首创了"逆定向流—径向热梯度"CVI 核心技术和工业装置,打破了美、英、法采用均热法 CVI 增密的传统,并在国际上首次采用该先进技术及装置实现了炭/炭刹车副的工业化生产;首次设计并采用了全炭纤维准三维针刺整体毡预制体创新设计;发明了热解炭和树脂炭两相复合结构技术,大大提高了产品的性能;发明了系统的高温热处理工艺技术;发明了抗氧化涂层配方及复合涂层技术。已申请国家发明专利 11 项,授权 9 项。研发了具有自主知识产权的 6 大类共 30 台成套关键工艺设备,建立了全新的、完整的高性能炭/炭复合材料制备技术体系,已建成一条炭/炭刹车片的工业化生产线。

采用该制备技术,成功研究与开发出波音 757 飞机用炭/炭刹车材料,使我国成为世界上第四个有能力生产炭/炭航空制动材料的国家,打破了西方国家对我国炭刹车市场的技术垄断,其产品填补了国内的多项空白,其制备技术还应用到航天及国防军事工业领域。

本项目的成功不仅开辟了我国高性能航空炭刹车副制造新产业,其经济效益显著,而且对航天、化学化工、交通运输等行业的技术进步产生了重大的推动作用。该成果于 2004 年 10 月荣获"国家技术发明一等奖"。

2)高精度复杂形状合金钢零件的注射成形技术

参与该项目的研究人员主要有李益民、黄伯云、李笃信、邓忠勇、唐嵘和李松林等人。该项目首次提出新一代高精度金属注射成形技术的思想和研究方向,重点围绕 MIM 技术中的喂料科学问题、成形科学问题、脱脂科学问题和烧结科学问题,进行适合高精度金属注射成形用的超细金属粉末特性的研究,开发出 1~2 种适用于制备较大尺寸、高精度金属注射成形产品的黏结剂,进行喂料流变学行为研究和充模过程计算机模拟仿真,建立起较大尺寸产品黏结剂脱除过程的理论模型及确定过程动力学控制因素,建立起金属注射成形工艺过程中的缺陷控制理论,开发高精度 MIM 产品烧结技术及相应设备,建立起金属注射成形工艺过程参数对尺寸精度影响的数学模型和实时监控体系,解决目前国际范围内金属注射成形(PIM)产品局限于小尺寸(10 mm 以下),低精度(±0.3~0.5%)的状况,开发出新一代金属注射成形技术,将该技术的应用范围拓展至较大尺寸(10~30 mm)、高精度(±0.1%)的产品。该项目成果于 2005 年荣获湖南省科技进步三等奖。

3)高效毁伤细晶钨合金材料及其制备技术

该项目的主要研究人员包括范景莲等人,发明了一种超塑性细晶 W – Cu 材料，解决了其低延展性、射流发散难题，与紫铜药形罩相比大大提高破甲威力，同时还发明了高强韧细晶钨合金穿甲弹芯材料，突破其微合金化成分组织设计、瞬时液相烧结与大变形锻造关键技术，形成了强的局域剪切带，提高穿甲威力。发明了高活性、高强度、超细钨复合粉的制备技术，解决了工业生产中粉末成分、微结构与粒度控制的技术难题；发明了注射成形 W－Cu 一步脱脂、低温烧结和固液二步烧结近净成形技术，建立了一步烧结和固液二步烧结理论和工艺，材料利用率由 10% 提高到 90% 以上。

该项目成果于 2009 年荣获教育部"技术发明二等奖"和中国有色金属工业总公司科技进步一等奖。

4) 多组元铝合金相图热力学及原子移动性的理论及应用

铝合金是仅次于钢铁用量最大的结构材料，广泛应用于航空航天、汽车等领域。铝合金热力学、动力学数据库是提升现用铝合金性能和开发新型铝合金的重要理论基础。国际上广泛使用的铝合金热力学数据库是欧洲共同体 20 世纪 90 年代开发的数据库。该数据库包含的元素并不多，没有包含亚稳相，因而不能合理设计新型铝合金。我国当前所用的铝合金热力学数据库都是在国外开发的。

为了设计具有我国自主知识产权的铝合金，自 2003 年以来，在国家自然科学基金和 863 项目等课题的资助下，研究小组成员杜勇、徐洪辉、张利军、刘树红和黄伯云等人经过克难攻关，建立了多元铝合金热力学、动力学数据库，并对其微观结构演变开展了系统研究。项目研究发现了一个描述化合物扩散生长的新模型，解决了扩散领域的一个世界性难题，建立的方法被 Int. J. Mater. Res. 论文审稿人评价为未来研究工作的样板；提供了构筑含亚稳相的多元相图的新方法，研究工作拓宽了相图研究的范围；建立了通用热力学模型，国际刊物 *CALPHAD* 主编 L. Kaufman 教授称此模型为杜－金模型，相关论文获得 2007 年度国际相图委员会最佳论文奖；建立了国际上迄今最为准确的多元铝合金相图热力学和扩散数据库，并成功用于微观结构演变的模拟。该项目成果于 2010 年荣获湖南省"自然科学一等奖"。

5) 轿车用高性能水雾化粉末材料的规模化生产技术

随着我国汽车等工业的快速发展，粉末冶金产品正以其优异的性能得到越来越广泛的应用，自 1998 年以来，钢铁粉末市场需求一直保持着 25% 以上的增长速度。据市场预测，我国 2005 年与汽车、摩托车配套和维修用粉末冶金结构件需用的铁粉约 8 万吨，其中高性能水雾化钢铁粉末需用量至少 4 万吨，而国内最多能生产高性能水雾化铁粉 2.5 万吨，市场缺口很大。另据专家预测，随着我国汽车工业的发展，2010 年仅生产汽车、摩托车用粉末冶金结构件需铁粉 15 万吨，其中高性能水雾化钢铁粉末 8 万吨，市场前景十分广阔。

本项目属于新材料技术领域，来源于国家 863 高技术发展计划。研究的主要单位有山东莱芜粉末冶金厂、北京钢铁研究总院、中南工业大学、一汽散热器总公司;项目研究的主要人员有崔建民、葛立强、刘世民、王玉成、李普明、吴爽、卞新龙、周喜生、綦元家、曾德麟、张柏成、李庆;项目研究的主要内容为:建成了一条拥有自主技术、具有国际先进水平的年产 8000 t 水雾化钢铁粉末生产线,并在此基础上,利用该项目技术成果投资新建了一条年产 4 万吨水雾化钢铁粉末生产线,其生产能力居世界前列。通过各单位的努力协作,上述两条生产线先后进入正常生产;在生产线上开发并生产出性能优于国际同类产品先进水平的水雾化纯铁粉、合金钢粉、扩散型合金钢粉、无偏析混合粉和易切削钢粉等高性能钢铁粉末,并用上述材料制造出性能完全合乎要求的轿车用正时带轮、发动机进排气阀座、油泵转子等粉末冶金结构零件。

该研究项目的主要特点有:①年产 8000 t 及新建的年产 4 万吨水雾化钢铁粉末生产线是完全利用自有技术建成,它标志着我国已具备了自行设计大规模高水平水雾化钢铁粉末生产线的能力,该生产线在世界几条同类型水雾化生产线中居于先进水平,是我国粉末冶金技术的重大突破;②研制出的水雾化钢铁粉末,其性能达到了国际同类产品先进水平,上述产品已大批量投放市场,改变了国内水雾化钢铁粉末长期依赖进口的局面,使我国粉末冶金工业有了质的飞跃;③在项目建设过程中,已完成了多项重大技术创新,如高压水雾化制粉技术、水雾化合金钢粉的高温还原技术、扩散合金化技术制取合金钢粉、无加工硬化与无氧化破碎技术、无偏析混粉技术等并获得相应专利,它标志着我国已完全自主掌握了水雾化钢铁粉末的规模化生产技术,并且其规模和相应技术在这一领域均达到了世界先进水平。

经过不懈的努力,该产品的生产线技术指标达到 4 万吨/年的年产能力,同时达到 400～500 kg 钢水/min 的雾化速度,−400 μm 收得率 >90%,而脱水工艺细粉流失率 <0.01%,产品的性能指标均达到了国际先进水平。该科研项目成果于 2003 年获得了山东省科技进步一等奖,国家科技进步二等奖。

6)高耐磨、高能制动粉末冶金摩擦材料研制及产业化

粉末冶金摩擦材料具有优良环境适应性的突出特点和工艺简单、生产周期短、制造成本低等优点,在高速动车组、风电机组等开放制动环境下和中、短途大型波音 737NG 飞机制动中得到广泛应用。

项目针对高能制动摩擦材料国产化的重大需求,在国家 863 和中国民用航空局的支持下,开展了高耐磨、高能制动粉末冶金摩擦材料及制备技术的研究与开发。该项目的主要完成人员有姚萍屏、熊翔、易茂中、黄伯云、汪琳、白燕麟、冯志荣、张红波、何俊、徐惠娟、李红梅、张建斌等人。该项目的主要特点:

①项目通过热模拟分析和试验验证研究,突破了原高能制动摩擦材料以铁为基体的惯例,采用熔点虽低但导热性能优异的铜为基体,降低了摩擦表面温度,

从而提升了整体材料的承载能力;

②通过多元素合金化和第二相金属强化的方法,大大提高了铜基体的强度和耐磨损性;

③设计了细颗粒硼铁、中颗粒碳化硅和粗颗粒二氧化硅的多尺度摩擦组元体系,并通过高含量(14%)石墨润滑组元平稳摩擦过程,研究了材料耐磨损机理和测试技术,创新设计了高含量非金属组元制动摩擦材料;

④开发了双黏结剂和梯度升温与加压烧结技术,成功解决了高含量非金属组元摩擦材料难压制成形和宏微观材料复合的难题,获得了成套关键制备技术;

⑤通过引入三维混料技术提高非金属组元的混合均匀性,设计全自动压机解决高含量非金属组元体系低流动性难题以及创新动片制造工艺,大大提升了生产效率和制造水平。

该项目分别通过了教育部鉴定和科技部高技术中心的验收,认为:"新一代波音 737 飞机国产粉末冶金刹车副在技术上拥有完整的自主知识产权,使用寿命超过进口刹车副水平,达到国际先进水平""形成了高速列车铜基粉末冶金闸片制造的自有技术,具有技术先进性,闸片摩擦副能够达到 200 km/h 和 300 km/h 速度紧急制动距离的技术指标""满足大功率风电机组苛刻制动要求"。

该项目获得授权发明专利 3 项和实用新型专利 1 项,获得中国民用航空局颁发的 5 项零部件制造人批准书(PMA)(成为国内获得 PMA 证书最多的单位),发表相关学术论文 40 余篇。形成了产业化平台,由博云新材公司生产的产品在南方航空、国际航空、东方航空及厦门航空等航空公司得到广泛应用,大大降低了航空公司的刹车副维修成本。高速动车组制动闸片专利技术投入生产,替代进口。该项目成果于 2012 年获得湖南省"科技进步一等奖"。

7)新型超高强、高韧、耐蚀铝合金材料研究

高强铝合金广泛用于航空航天器、车辆、船舶和各类武器装备的主承力结构,是极为关键的一类轻质高强结构材料,对我国重大工程、武器装备和高新技术的发展有重要作用。

该项目的主要研究人员有陈康华、刘红卫、黄兰萍、方华婵和祝昌军等人,研究人员提出以固态相变理论和位错理论为基础,发展了高强铝合金中纳米强化相时效析出与强化效应的模型;以细观损伤力学理论和位错理论为基础,发展了高强铝合金韧性(和塑性)与微米结晶相、亚微米弥散相的细观断裂(或界面脱黏)及基体塑性之间关系的模型;将两者结合,发展了高强铝合金的多尺度、多相强韧化模型,预测了超强铝合金强度、延性、断裂韧性随多相组织参数及成分和工艺的变化规律。发明了逐步升温强化结晶相固溶技术,提高过渡液相形成温度和固溶处理温度,强化结晶相固溶,同时提高了合金强度与韧性 10% ~ 20%。发明高温预析出热处理技术,将晶界析出与晶内析出调控分离,形成细密晶内析出

相与非连续晶界析出相组织，保持强度和韧性的同时，提高应力腐蚀抗力。发现稀土多元铝化物弥散相可有效抑制铝基体再结晶，保持形变回复小角度晶界的基体组织，大幅度提高高强铝合金的韧性和耐蚀性，发明了系列超强、高韧、耐蚀铝合金。结合国家重大需求，研制成功多种高强铝合金新材料。发展微合金化与液态净形成形技术，研制成功高压比增压器高强铝合金叶轮，解决了该增压器试制和生产中的性能瓶颈问题。发明了新型稀土微合金化超强、高韧、耐蚀铝合金，研制成功区电工程通信系统用的超强高精度薄壁天线管。发展微合金化与强化固溶技术，研制并批量生产车用空调压缩机高强高韧耐磨铝合金叶片，打破了日本对新型空调压缩机技术的垄断，使我国能够自主研发和生产新一代空调压缩机。该项目成果是 2007 年国家科技进步奖一等奖的重要内容。

3.4.2　高科技产品批量试制的迅速发展

自粉末冶金研究院建院以来，一直继承了粉末冶金研究所创先争优的优良传统，在大力推进科学研究的同时也十分注重科研成果的转化能力。经过十余年的努力拼搏，粉末冶金研究院的一些重要科技产业正在迅速成长。

注射成形技术引进以后，经过研究人员的大量研究开发，现在已经成为粉末冶金研究院科研成果转化的典型范例。1996 年，粉末冶金研究所在组建"粉末冶金国家工程研究中心"时，便投资了 166 万美元从美国引进了一整套注射成形技术和设备。以此为基础，经过十余年的拼搏发展，已经发展成为高科技有限责任公司，同时也完成了高科技成果的孵化和转变，该公司年生产各种 MIM 零部件产品达三千余万件，其产品除了满足国内的需求外，还远销到美国、欧洲、澳洲、日本等发达国家和地区。

汽车制动材料的产业化是高科技成果转化的另一成功典型。1995 年，粉末冶金研究所在汽车刹车材料的研究方面几乎·是白手起家，根据我国汽车业蓬勃发展的趋势，粉末冶金研究所下大力气成功开发出无石棉汽车刹车材料，并且顺利实现了科技成果的转化。至 2002 年，粉末冶金研究院已经成功研制出十余种汽车刹车材料，并成立了湖南博云汽车刹车材料有限公司，可年产刹车片 2300 多万套，形成盘式刹车片、大鼓片和小鼓片、蹄总成、风力发电和工程机械四大系列产品，其中盘式刹车片 1200 多个品种、大鼓片 200 多个品种、小鼓片蹄总成 50 多个品种，风力发电和工程机械 20 多个品种。目前，公司已为各汽车主机厂开发出 170 多种配套产品，成为上汽通用五菱、中国一汽集团、东风汽车集团、长安汽车集团、海马汽车、比亚迪汽车、长城汽车、长丰猎豹汽车、重庆力帆汽车、江西昌铃汽车、神龙汽车、北汽福田、奇瑞汽车等主机厂指定配套企业。

飞机刹车材料的产业化更是粉末冶金研究院高科技成果转化为生产力的亮点。在 C/C 复合刹车材料的研究中，粉末冶金研究院取得了国家级的发明一等奖，而且在新产品的研发中更是取得了显著的成绩，所开发的 C/C 复合刹车材料不仅填补了我国在该类材料领域的空白，同时也使得我国成为世界上第四个可以自主生产该类材料的国家。在金属基飞机刹车材料的研究中，取得的成果超过了国外同类产品的水平，开发的产品远销东南亚、俄罗斯等国家和地区。

综上所述，粉末冶金研究院经过半个多世纪的努力拼搏，不仅为我国研发出大量具有高科技含量的科技成果，并且主动承担起科技成果的转化任务，使科技成果尽快转化为产业，形成新的经济增长点，为我国国防建设和国民经济的建设作出了重大贡献。

第4章　学科平台的建设

4.1　粉末冶金国家重点实验室

4.1.1　实验室定位、运行机制与研究方向

1）实验室的定位

定位原则：做强团队，凝心聚力，占据前沿，立足创新，引领开发。

面向国防、面向国民经济发展的主战场，以满足国家安全建设和国民经济建设的需求为牵引，立足于粉末冶金学科主要的前沿领域，开展基础理论研究与新技术和新材料的应用基础研究，引领后续的实验研究与工程开发，以求发展粉末冶金相关过程理论和逐项解决材料科学领域中的高技术、新材料的关键问题。

2）实验室的运行机制

运行机制：开放、流动、联合、竞争。

根据原国家计委正式颁布的《国家重点实验室管理办法》，实验室实行"开放、流动、联合、竞争"运行机制。向社会开放；人才有进有出，互相流动；鼓励强强联合，优势互补；国家对各实验室实行优胜劣汰，优者加强支持，加速发展，劣者可被取消资格。在该机制的指导下，粉末冶金国家重点实验室在运行中不断取得稳步发展，作出了愈来愈大的贡献。

3）实验室的研究方向

自1991年粉末冶金国家重点实验室开始正式创建（含4年边建设边运行阶段）到2013年，已开放运行22年，研究方向包含了如下方面：

（1）相图测定/计算与材料设计，平衡态与非平衡态材料设计；

（2）制粉、成形、烧结与全致密化新技术应用基础研究；

（3）粉末冶金新材料与过程设计的科学基础——高性能粉末冶金材料与陶瓷材料，新型功能材料与生物材料，新型轻质高强金属材料，纳米粉及纳米材料；

（4）高性能炭/炭复合材料，材料复合及其增密机制与增密新技术基础研究；

（5）相界面结构与品性及其对材料性能的影响，表面涂层技术。

研究方向涵盖了粉末冶金本身（以粉末冶金为特色），但不局限于粉末冶金，其范围已大大扩展至整个材料科学（一级学科），包含了金属、陶瓷和炭素材料的

诸多重要领域。总之，实验室的研究目的和对象是面向整个材料科学。在不同时期，随着所承担的课题和项目不同，研究内容各有其阶段性，不同的阶段有其不同的研究重点和特色。

4.1.2 各发展阶段的主要成果

如前所述，不同阶段有不同的研究重点和特色。粉末冶金国家重点实验室从创建直到现在，经历了二十余年的运行与发展，共 5 个阶段。国家对实验室各阶段运行与发展状况已进行了多次评估。依据评估结果，现将各阶段的主要发展与研究成果分述如下：

1）创建试运行阶段（1991—1995）主要研究成果

（1）重点研究项目进展

①相图计算在高技术、新材料研发上的应用

开展了"$ZrO_2 - HfO_2 - Y_2O_3 - CaO - MgO$"多元系相图研究，有关论文已被国际作为范例引用，相关结果和数据已纳入国际 ZrO_2 热力学核心数据库。

②新型高温结构材料 TiAl 有序金属间化合物研究

该项目为国家 863 项目，已进行了长达 7 年的系统性基础研究，对 TiAl 系列新型高温材料走向实际应用有重要的指导意义。该课题组已发表论文 54 篇（其中 20 余篇在国际刊物上发表），并培养了十余名硕士生，4 名博士生。

③金属陶瓷基航空刹车材料的研究

在系统性基础研究和应用基础研究的基础上，引导下游研发平台，已研发出金属基航空刹车副系列产品，其性能达到国际先进水平。各种型号的刹车副已分别用于 Tu - 154、MD - 82、B - 737 和运 - 7 等干线飞机和某型军机。

④快速凝固耐热铝合金的研究

该项目为国家 863 项目，通过该课题研究，开发出"多级冲击雾化"快速冷凝制备非晶、准晶和微晶粉末新技术，其冷凝速度可达 $10^6 \sim 10^7 ℃/s$，由此可制取特殊性能或高性能的粉末材料。研发出 Al - Fe - V - Si - Re 等系列耐热铝合金，该类合金有望取代某些价格昂贵的钛合金，用作国防武器的备选材料。

（2）人才培养与研究成果

承担科研项目数：在此期间，共承担国家科技攻关任务 8 项，863 项目 3 项，国家基金项目 22 项，省部级课题 13 项，青年基金项目 2 项，学术委员会批准的开放课题项目 10 项。

获奖：国家级一等奖 1 项，三等奖 2 项，四等奖 2 项；省部级一等奖 2 项，二等奖 6 项，三等奖 2 项，四等奖 3 项。

发表论文：国内核心刊物 74 篇，国外核心刊物 14 篇；国内一般刊物 141 篇，国外一般刊物 17 篇。

国际会议特邀报告 2 篇，一般报告 20 篇；全国性会议特邀报告 12 篇，一般报告 119 篇。

出版专著：5 种。

制定标准：主持或参与制定国家标准、军用标准 3 项。

人才培养：培养在读硕士研究生 26 名，已陆续毕业 40 名；培养在读博士生 13 名，已陆续毕业 4 名。接纳博士后 2 名。

获国家嘉奖：1995 年 1 月，中南工业大学粉末冶金研究所获得国防科工委、国家计委、国家经委和国家科委联合颁发的"国防军工协作配套先进单位"称号的奖状。

2）前期运行与发展阶段（1995—1999）

（1）重点研究项目进展

①新一代航空刹车用 C/C 复合材料

国际上新型客机，如波音、空客系列新型干线客机和军机均采用 C/C 复合材料作刹车副。我国每年需要花费数亿人民币进口炭刹车副，为了打破国外技术封锁，实验室在这种材料的系统基础研究上取得了重大突破，并引领其下游工程研究中心建立了相应的中试生产装置，试制出几种型号航空刹车副，顺利通过了大型地面惯性台试验。

②粉末近净成形新技术——粉末注射成形

粉末注射成形作为复杂外形精密零件多功能成形的新技术，被称为第五代金属与陶瓷零件成形技术，实验室已开展了多年深入的系统性研究，终于取得了突破。实验室已获得多项研究成果和专利授权。在基础研究的基础上进一步引领了相应的工程开发，已将两项技术转化为中试生产线，变成了新的经济增长点。

（2）人才培养与研究成果

承担科研项目数：1996 年以来，实验室先后承担了以国家攻关、国家 863 高技术项目、国家 973 项目、国家自然科学基金、国际合作项目等为主体的各类课题 142 项。

获奖：国家级奖 4 项，省部级奖励三十余项。

国家发明专利授权：7 项。

发表论文：在国内外高水平学术刊物上发表论文 550 余篇。

国际会议特邀报告：13 篇。

出版专著：2 种。

3）中期运行与发展阶段（1999—2004）

（1）重点研究项目进展

①C/C 复合材料航空刹车副的研发

在前阶段一系列基础研究与应用基础研究取得突破的基础上，该项目已提升为"C/C 复合航空刹车副国家重点工业性试验项目"，该项目大大扩展了投资规模，总投资为 1.54 亿元人民币，基础实验研究与大规模工程开发并行，相继取得实质性进展，包括 B-757 炭刹车副在内的几种刹车装置通过了地面惯性台试验，炭刹车盘具有良好刹车制动性能，材料性能已接近或达到国外同类产品的水平，进入了装机试飞阶段。

②粉末冶金近净成形与塑化粉末体塑性流变问题研究

该国家自然科学基金重点项目通过国家验收，被评审专家一致评为"A 级"。发表学术论文 83 篇，其中学术论文《金属注射成形石蜡基黏结剂和油基黏结剂性质的研究》获国家优秀博士论文奖。获发明专利授权 4 项，获省部级科技进步奖 2 项，出版了 2 部专著。在此基础上，研发形成了具有自主知识产权的粉末注射成形新技术，开发出多种粉末注射成形新产品。

③提高铝材性能基础研究——高强铝合金多重相的固溶化与析出及其强韧化作用

此项国家 973 重点项目取得了重要进展，顺利通进了国家中期评估，被评为"优秀"。

（2）人才培养与研究成果

承担科研项目数：2000 年以来，承担了各种国家级研究项目 60 余项。

获奖：国家级奖 3 项，省部级奖项二十余项。

国家发明专利授权：28 项。

发表论文：在国内外学术刊物上发表论文四百五十余篇。

国际会议特邀报告：17 篇。

出版专著：3 种。

资助开放科研课题：15 个。

接纳国内外访问学者：12 人。

人才培养：培养硕士研究生 69 人，博士生 42 人，博士后 13 人。

（3）国家重点实验室首次中期评估获"优秀"

国家科委根据《国家重点实验室建设与管理暂行办法》（贯彻其"开放、流动、联合、竞争"运行机制的原则），于 2003 年 11 月，对相关国家重点实验室进行了新一轮评估，涉及全国 19 个材料科学国家重点实验室，教育部和中科院所属 4 个重点实验室被评为"优秀类实验室"，中南大学粉末冶金国家重点实验室名列其中。这为该实验室以后获国家加强支持，从而能加速发展创造了良好条件。

4）后期运行与发展阶段（2004—2009）

（1）重点研究项目进展

①C/C 复合材料研究及其工程开发

继续开展 C/C 复合材料后续基础研究与应用基础研究，研究内容主要包括炭纤维增强体的材料结构设计，CVI 增密机制与热解炭微观组织的控制等。在 C/C

复合材料的研制方面,已获得了 13 项国家发明专利授权。以此研究为基础引领了该类材料在航空、航天和工业应用方面的工程开发,建立了航空 C/C 复合材料刹车副、航天超高温 C/C 制品与工业用耐热 C/C 制品的生产基地。仅就航空领域而言,几种干线飞机与军用飞机的炭刹车副已相继投入应用,打破了发达国家对该项敏感技术的垄断与严密封锁,成为继英美法之后,世界上第 4 个拥有高性能航空制动器用材料制备技术的国家,保证了我国航空领域的战略安全;为我国多型火箭发动机提供了关键材料,提升了我国太空安全技术水平与防御能力。

②粉末注射成形后续研究及其工程开发

在基础研究成果引领工程开发的基础上,进行了系统性工程开发。研究成果获国家科技进步二等奖 2 项,形成了具有完全自主知识产权的金属粉末注射成形新技术,建立了一条年生产能力 5000 万元的工业示范性生产线,大大提升了我国高性能小型/微型、复杂形状粉末冶金零部件的制备技术水平。

③相图计算、相变热力学及(宏观、介观与微观的)各种尺度材料设计

在国家 863 计划、国家自然科学基金的资助下,结合凝固、涂层制备等材料过程设计对一系列多元系多相材料的相图、相变模拟开展了系统研究,完善了多元系有序和无序相的通用热力学模型,提出了耦合实验、相图计算及第一原理计算构筑多元相图(含亚稳相)的新思路,建立了"相图热力学—显微组织性能"之间关系的基本框架。近 5 年来,已在 14 种国际刊物上发表论文 64 篇,在国际会议上作特邀报告 6 次,在国际学术界引了起很大的反响。

④钛铝基金属间化合物材料研究

实验室多年坚持该系列材料的基础研究工作,使材料的室温延伸率从不到 1% 提高到 5%,室温断裂韧性达到 35 MPa·$m^{1/2}$,各项性能达到国际先进水平。并以此引领材料的工程开发。通过承担多项国家重大、重点项目,逐步实现钛铝基金属间化合物材料的工业应用,制备出大型粉末冶金板坯和锻坯,被定为某国防工程的首要备选材料,有望满足我国新一代航空、航天飞行器关键材料的需求。已获得省部级科技进步一等奖 1 项,二等奖 3 项。已在国际知名刊物上发表论文数十篇。

(2)人才培养与研究成果

承担科研项目:共承担各种国家级科研项目 110 余项。其中,国家 973 项目 9 项;国家 863 高技术项目 22 项;国家自然科学基金重点项目、国家杰出青年基金项目、国家自然科学基金项目和创新研究群体项目 30 项;国防预研和国防科研项目 41 项;国际合作项目 12 项。这些项目中的基础研究和应用基础研究部分主要是在国家重点实验室完成或由重点实验室研究工作所引领的。所有项目(包括基础研究与工程开发)总经费近 1.6 亿元人民币。

获奖:国家级科研奖励 4 项。其中,"高性能航空制动材料的制备技术"获得

2004 年国家技术发明一等奖，从而结束了国家该奖项连续空缺六年的历史。

国家发明专利授权：34 项。

发表论文：在国内外重点刊物上发表论文 1300 余篇。

团队建设：实验室先后有 49 名固定人员，其中院士 3 人，"长江学者特聘教授"3 人，国家杰出青年基金获得者 3 名，引进国家"千人计划"1 人，教育部新世纪优秀人才 7 人，湖南省"芙蓉学者奖励计划"特聘教授 2 人，博士生导师 18 人。

人才培养：培养博士 37 名，硕士 149 名，博士后 21 名，已在全国各高校以及企业的工作中发挥了重要作用。

（3）开放、交流与合作

按照国家重点实验室开放运行的机制，实验室与国内外开展了一系列的合作研究，进行了广泛的学术交流。近五年来，主办和参与组织了 9 次国内、国际会议，共派出了百余人次在国外从事访问和合作研究，每年有近 30 名国外学者进行讲学与合作研究；引进国家"千人计划"1 人，并选派多名研究生赴国外留学。

（4）国家重点实验室第二次中期评估获"优秀"

2008 年，国家科委评估涉及全国材料学科的重点实验室共有 20 个，共有包括粉末冶金国家重点实验室的 4 个实验室被评为"优秀"，本实验室排名第一。

（5）粉末冶金研究院获两次国家嘉奖

由于重点实验室的基础研究有效引领了随后的工程开发，中南大学粉末冶金研究院形成了"产学研一条龙"的办学/办院特色，具备了尽快将重要科研成果转化为工业产品的综合实力，因而，能更好地为国防工业服务，本阶段粉末冶金研究院两次获国家嘉奖：

2006 年 10 月，中南大学粉末冶金研究院第三次获得国家嘉奖，由国防科学技术工业委员会颁发"国防科技工业协作配套先进单位"荣誉奖状。

2007 年，中南大学粉末冶金研究院第四次获得国家嘉奖。

5）近期运行发展阶段（2009—2013）

（1）重点研究项目进展

2008 年以来，粉末冶金研究院共承担国家科研项目一百五十余项，这里面既包括了基础性研究，也包括了一些工程开发，总经费接近 3 亿元。国家重点实验室主要承担了基础性研究部分，并常常以此引领了其后续开发。实验室专项经费共 6750 万元。以下列举 4 大重点项目的进展：

①准一维金属纳米线及其阵列

创建一种新的催化生长纳米的机制，提出一种制备一维纳米材料和制备低维多层石墨烯包覆的铜纳米材料（C@Cu 纳米线）的新方法。C@Cu 纳米线表现出优良的场发射性能，在未来的微—纳电子器件中可能具有重要的应用价值。该课题在国内外学术期刊已发表学术论文 23 篇，引起了相关学术界的很大反响。

②材料相图、相变及合金设计

创立了考虑界面耗散的多相场模型，建立了定量描述材料从凝固到时效整个制备过程微观结构演变的科学方法。

构筑了迄今为止国际上最完整的铝合金热力学和扩散系数数据库，提出了耦合相图计算相变模拟及相应计算方法，实现了多元铝合金凝固及时效过程微结构演变的完整描述。

构筑了具有自主知识产权的硬质合金热力学和扩散数据库，实现了微结构的可控，创立了实验与第一原理相结合进行涂层设计的新方法。

研究成果获国内外学术界高度评价，获 2010 年湖南省自然科学一等奖。课题领头人杜勇教授 3 次作为大会主席主持了相关国际会议。该课题组已培养博士 14 名，其中 1 人被选为德国洪堡学者，3 人被聘为高校教授，8 位在欧美大学做博士后。

③难冶钨资源深度开发应用关键技术研究

突破了国外对白钨矿不能采用传统的 NaOH 分解技术进行处理，建立了复杂钨矿碱浸出的新技术，解决了占我国钨资源 78% 的白钨矿的开发利用难题。

发明了梯度结构、表面韧性结构以及超粗晶结构等各种硬质合金制备技术，开发了高性能硬质合金钻齿和涂层刀片。

近五年来，获得相关发明专利授权 15 项，发表学术论文 32 篇，2011 年获国家科技进步一等奖。

④高性能钨基复合材料制备技术与应用

发明了用"纳微复合—抑制氧化"法制备轻质难熔复合抗烧蚀材料技术，实现了相关耐高温器件长时间近零烧蚀，已应用于某些战术导弹的高温部件。发明了"纳米复合—微合金化"技术。获发明专利授权 19 项，获省部级一等奖 1 项，二等奖多项。出版专著 2 部。

（2）人才培养与研究成果

承担科研项目数：共承担国家级科研项目 150 余项，包括 973 项目 7 项，863 项目 18 项；国家科技支撑及重大专项项目 12 项；国家杰出青年基金和国家自然科学基金项目 48 项；国防类科研项目 55 项。这些项目中，有的属于基础性研究，有的同时包含基础研究与工程开发，有的则侧重于工程开发。各类工作依靠了不同的研发平台，基础性研究工作则主要是在国家重点实验室中进行的。

获奖：国家科技进步一等奖 1 项，省部级科技进步一等奖 3 项，省教学成果一等奖 1 项，省部级科技进步二等奖 3 项，省部级技术发明二等奖 1 项。

国家发明专利授权：30 项。

发表论文：在国内外重点刊物上发表论文近 1500 篇。

出版专著：2 种。

团队建设：粉末冶金研究院现有院士 3 人（新增外籍院士 1 人），国家"千人计划"学者 6 人，长江学者特聘教授 5 人（新增 3 人），国家"百千万人才"2 人，国家杰出青年基金获得者 3 人（新增 2 人），德国洪堡学者 3 人，湖南芙蓉学者 3 人，升华学者 3 人，教育部新世纪优秀人才计划 11 人，博士生导师 28 人，教授或研究员 38 人。

人才培养：共培养硕士生 322 名，博士生 122 名，博士后 28 名。

（3）开放、交流与合作

开展了国际合作项目 13 项，其中包括国家"111"高等学校学科创新引智计划项目"有色、稀有及粉末冶金引智基地建设"，国家"金属材料基因工程引智基地"项目。向国外高校和研究机构派出访问学者三十余人，发表论文四十余篇。

实验室共设开放课题 122 项（面向国内开放课题 51 项，校内开放课题 71 项），经费支持 865 万元，发表 SCI 和 EI 论文 100 余篇，国内知名刊物论文 80 余篇。

组织国际和全国性学术会议 8 次，参加国际、国内学术会议 150 余人次，应邀在国际会议上作特邀报告 35 人次。

4.2 粉末冶金国家工程研究中心

20 世纪 90 年代，世界范围内的科学技术取得了突飞猛进的发展，而我们国家科学技术也取得了飞速发展。科学技术的发展改变了世界的面貌，也改变了我国经济落后的根本状态。科学技术日新月异，方兴未艾。随着科学技术的进一步发展，如何把一个个科研成果转化成经济发展的生产力便成为一个现实的难题摆在我们面前。经过反复论证，国家决定筹建一批国家工程研究中心——科研成果"孵化器"，来进一步扩大试验科研成果，以检验和修正科研成果，使科研成果能够进一步完善，进而使之能够面向市场实现产业化发展。在"孵化器"里不仅可以对科研成果进行检验修正；还可以对科研成果进行筛选，有目的、有重点的开发市场潜力较大的产品；更重要的是可以减少由于科技成果不成熟而直接转入成品生产与制造而可能造成的巨大经济损失。

1993 年，国家计委向世界银行贷款 2 亿美元，准备在国内筹建几十个国家工程研究中心，希望通过国家工程研究中心把科研成果最终转化成产业化的成品，并向社会辐射形成新的产业和新的经济增长点。

4.2.1 精心策划，蓄势待发（1992—1994）

1）粉末冶金国家工程研究中心的筹建

因为有国家大量的资金投入，在中南工业大学，很多院所都积极主动争取筹建国家工程研究中心。当时，提出申请的有地质国家工程研究中心、有色金属综合利用国家工程研究中心、采矿国家工程研究中心、材料国家工程研究中心和粉末冶金国家工程研究中心等。

（1）粉末冶金的独特优势

粉末冶金是一种制造新材料和制品的新技术，在许多材料制造中，如硬质合金、钨基高比重合金、摩擦材料、多孔材料等，采用粉末冶金技术，具有用其他方法难以超越的优势，而在制造多孔分离膜时，采用粉末冶金技术更具有不可取代的地位。在制品生产中，粉末冶金技术又具有节能、节材的显著特点，如制造一个汽车用的连杆衬套，用粉末冶金锻造的连杆衬套与锻钢连杆衬套相比，材料节约25%，生产成本可降低10%左右，同时能源消耗率仅为原来的一半。因此，发展粉末冶金技术对于国民经济和国防事业的发展都具有重大的影响和意义。

（2）粉末冶金研究所的前期积淀

经过近30年的探索与发展，粉末冶金研究所已经取得了一系列重大科技成果，粉末冶金研究所先后承担和完成了以国家级项目为主体的各类任务四百余项，研究成果已广泛用于洲际导弹、人造卫星、核反应堆、核潜艇、主战坦克、歼击机、民航客机等国家重点工程上，获得了一百余项省部级和国家科技成果奖，并多次获得了中共中央、国务院和中央军委的贺电和嘉奖。因此以粉末冶金研究所为依托筹建粉末冶金国家工程研究中心是有其特殊优势的。

（3）粉末冶金国家重点实验室的建设

1989年，国家计委、国家教委正式下文批准在中南工业大学建设粉末冶金国家重点实验室。建重点实验室项目由世界银行贷款120万美元，外加国内配套建设资金506万元。粉末冶金国家重点试验室经过5年的建设发展，已在基础研究方面取得了一系列重要成果。例如"相图计算在高技术新材料研发上的应用""新型高温结构材料TiAl有序金属间化合物研究""金属陶瓷基航空刹车材料的研究""快速凝固耐热铝合金的研究"等。重点实验室的建设需要进一步转化为产业，就急需一个孵化基地。而粉末冶金国家重点实验室的建设便为争办粉末冶金国家工程研究中心进一步打下了平台基础。

综上所述，筹建一个产、学、研相结合的平台，筹建一个高科技成果的孵化器基地，将科学研究成果逐步转化成生产力，不仅是高校发展的需要，同时也是国家经济发展的需要。

粉末冶金研究所以科研办牵头由贺奉嘉同志为主执笔编写《中南大学粉末冶金国家工程研究中心可行性研究报告》。经过近2年的反复论证研究，以及国家多次组织专家进行的现场考察，一致认为："在中南工业大学里面筹建一个粉末冶金国家工程研究中心基础比较扎实，很有发展前途，可以为国家经济的发展作出积极的贡献。"1994年1月10日，国家计委下文（计科技［1994］36号文）批复同意：《粉末冶金国家工程研究中心可行性研究报告》。至此，粉末冶金国家工程研究中心正式启动建设。

学校当即组织了一支以校领导为主的领导小组，领导小组的成员包括校长何继善、副校长黄伯云以及党委书记汪诗训等全部校领导，同时决定抽调校长办公室主任赵慕岳同志回粉末冶金研究所参加筹建工作，并决定由黄伯云副校长兼任粉末冶金国家工程研究中心主任。办公室的组成人员为办公室主任赵慕岳，副主任蒋辉珍、熊春林、贺奉嘉，秘书杨兵。当时的分工是由赵慕岳同志负责全面工作，熊春林同志负责国外技术和设备的引进工作，贺奉嘉同志负责基础建设工作。

2) 粉末冶金国家工程研究中心的基础建设

国家工程研究中心并非一般的研究室，而是一个能够把科研成果逐步转化成产品的基地，能够实现科研成果转化的综合实验基地。为了国家工程研究中心建设的需要，必须建设正式的厂房和办公地点。经过反复的研究与论证，建设一个有三连跨的厂房，外加一个办公用三层结构的连体建筑共需约 4600 m^2。通过招标，确定由省建五局负责承建。

3) 粉末冶金国家工程研究中心发展方向的确定

粉末冶金国家工程研究中心是作为一个"孵化器"、作为"产学研"基地而建设的，关键的问题是符合哪些标准的科技成果能够到工程研究中心来孵化？在科研成果孵化之初就必须对科研成果进行筛选剔除，筛选出那些有发展前景并且能够促进国民经济发展与国防建设急需的项目来。时任粉末冶金研究所所长的黄伯云谈到，"要使孵化的产品具有强劲持续的市场竞争力与经济增长能力，在一大批科研成果之中，我们需要选择一批有市场需要且具有市场竞争力，同时不仅能为国家做出巨大贡献并产生很大市场效应并能对国防建设产生巨大促进作用的科研成果来进行孵化。"

在粉末冶金国家工程中心的建设中，如何策划与选择一批具有巨大发展前景的科技成果进行"孵化"便成为当务之急。经过反复论证，首期挑选出了 4 个项目进行研发，分别是 C/C 复合刹车材料、无石棉汽车刹车材料、粉末冶金注射成形技术以及硬质合金挤压成形技术。

(1) C/C 复合刹车材料的开发

国家工程研究中心建设伊始，黄伯云教授就提出"飞机刹车材料"的第二代产品必须是开发高性能的 C/C 复合材料，不仅因为 C/C 材料较轻，仅为铁基刹车材料的 1/4 左右，而且其寿命是铁基刹车材料的 5 倍以上；当时的现实情况是世界上仅有美、英、法三个国家的 4 个公司可以生产 C/C 刹车材料，几乎垄断了整个 C/C 刹车材料市场。而飞机刹车材料属于易耗品，必须经常更换，一旦产品不到位，飞机便无法安全起飞与降落。因此这种材料的开发，必将对我国国民经济建设特别是国际航空和国防建设产生重大影响。因此，在国家工程研究中心的建设之中，C/C 复合刹车材料的研究就被放在了比较突出的位置。

(2) 无石棉汽车刹车材料的研制

据统计20世纪90年代我国汽车的社会保有量已突破1000万辆,每年消耗的汽车刹车材料产值估值达上百亿元。我国汽车用刹车材料是一个量大面广的重要产品,然而当时的汽车刹车材料主要用的都是石棉基的,这种刹车材料在高速和长距离刹车过程中,将产生严重的"热衰退",所以大型货车在长途运输过程中,为了保证刹车材料的性能与效果,就在刹车片上淋水来降低摩擦温度。这样虽能在一定程度上保持刹车材料的性能,但是也存在一定的安全隐患。20世纪90年代国外发达国家经研究发现,石棉具有强烈的致癌效应,所以有的国家已经明令禁止使用石棉刹车材料。综上所述,国家的进一步发展要求我们开发出无石棉的高性能汽车刹车片,在进一步改善刹车材料性能的同时保证汽车运行的安全。

(3)粉末冶金注射成形技术的开发

20世纪90年代,"粉末冶金注射成形技术"被人们称为粉末冶金成型技术的"第五次革命"。粉末冶金注射成形技术对于成形尺寸较小且形状比较复杂的零部件而言,无疑是具有非常重要的优势的。但在粉末冶金注射成形技术的开发中又必须面对一系列要解决的问题,如注射成形用粉末制造技术及装备的开发、注射成形用增塑剂(粘接剂)的开发、注射成形脱脂技术的开发以及注射成形设备的开发等。因此,引进和开发注射成形技术和设备便成为一项重要工作。

(4)硬质合金挤压成形技术的开发

我国是一个钨的资源大国,硬质合金的产量在世界硬质合金总产量中已经占有很大的比重,但是具有高附加值的产品很少,硬质合金的产值仅相当于欧洲山特维克公司的几分之一。例如,一种带内螺旋孔的$\phi 38$的挤压棒料每公斤售价高达4000元,而国内一般硬质合金产品当时的售价仅为200元,同类产品价格是国内售价的20倍。曾经想引进国外的这种特种挤压成形技术,但国外某公司要250万美元的技术转让费,前后谈了三年也没有成功。在这种情况下只能依靠自身的力量开发相关技术和设备以促进国内硬质合金工业的进一步发展。

多年来,经过实践的检验证明,这4个"孵化"项目都取得了巨大的成功,这不仅证明了这4个项目本身具有重要的市场前景,更说明了粉末冶金国家工程研究中心起到了不可估量的桥接作用。这为以后更多项目进入粉末冶金国家工程研究中心积累了大量的经验,同时也积累了大量科研成果转化成市场产品的经验。

4.2.2 初级阶段,成果颇丰(1995—1998)

粉末冶金国家工程研究中心的建设是一个漫长的过程,在国家工程研究中心的建设初期,粉末冶金研究所明确了工程中心建设发展的方向,工作的开展大致按照着《可行性研究报告》逐步进行着,在这段时期主要取得了如下成果。

1)组团出国考察

在预定的开发项目中,国内有很多技术和装备与国外相比依然存在很大的差距。因此，出国考察便排到议事日程。1996 年初，组织了 4 个人的出国考察团，包括赵慕岳、梁叔全、陈康华等，考察了英国、德国、法国、瑞典等国家的注射成形技术和制粉技术的发展情况。考察了德国的巴士弗公司，并参观了世界上最著名的注射成形机制造公司和注射成形制品厂。对注射成形的全过程有了一个初步的了解，特别是看到他们在脱脂技术方面的先进之处——化学催化脱脂，启发很大。在英国，考察了雾化法制粉的主要公司，对注射成形所需粉末的制造技术有了进一步的了解，为今后的研究打下了重要基础。

同时为了了解注射成形技术发展的现状，与国外进行了广泛的交流与联系，经过反复磋商，最后买进了美国 Inject Amax 公司的一套注射成形技术和装备。

2）夏利无石棉刹车材料的开发

当时组织了一个研究团队，专门从事夏利半金属无石棉刹车材料的研究。在相当长的一段时间内，认为要研究无石棉刹车材料必须从国外引进树脂作为粘接剂。这带来了很多问题，不仅会消耗大量的外汇，同时也存在国外力图市场垄断而不卖所需原材料的可能。因此，苏堤和李度成同志在现有国内树脂里面挑选出几种树脂，经过改性后，能够满足无石棉刹车材料制造的要求。经过半年多的系统研究，终于生产了达到夏利车型刹车材料全部性能指标的产品，顺利完成了我国第一代无石棉汽车刹车材料的开发。该研究成果很快便通过了技术鉴定，并于1999 年获得了国家有色金属工业总公司科技进步三等奖，于 2000 年获得国家教育部科技进步三等奖。

3）争取国家立项

在夏利刹车材料的开发过程中，前后花费了一百多万用于科学研究和购买相关设备，因此只有在国家立项，从国家得到资助，才能更好地开展科学研究工作。当时刚好国家有一个汽车新材料开发领导小组，通过这个小组无石棉汽车刹车材料的研制得到了国家立项，获得 200 万元的研究资助，按照合同要求，在三年内拿出 5 种无石棉汽车刹车新材料，并建成年产 80 万片刹车片的中试生产线。资金到位后，还清了原有的所有欠款，科研小组人员立即全力展开科研工作。

4）货车鼓式无石棉刹车片的研制

在对夏利汽车刹车片科技成果进行推广的时候，又有另一个难题，那就是生产的刹车片很难打进夏利汽车的主装厂，只能在市面上的维修店流通，这样刹车片售价就会低很多（约 30%）。而当时东风汽车厂正在研制一种新型 3 t 轻型货车，该类型货车原来也是采用石棉刹车片，无石棉汽车刹车材料研究小组就主动争取参加研制 3 t 轻型货车无石棉刹车材料研究的竞标。当时有 5 个厂家参加竞标，经过艰苦的科技攻关，我们中标并生产出了具有优异性能的产品，从此东风EQ1061 3 t 轻型货车鼓式无石棉刹车片由中心独家生产。1998 年组织了技术鉴定，并获得中国有色金属工业总公司科技进步三等奖。

5）为科学研究注入资金

准备开发的项目之中，C/C复合刹车材料的研究、注射成形技术的研究和挤压成形技术的研究等项目都面临资金短缺的问题。国家工程研究中心主任黄伯云批示，从国家研究经费里拿出80万元来支持有关项目的研究开发工作，其中C/C复合材料的研究40万元，注射成形技术25万元和挤压成形技术15万元。这些经费的投入，对当时的科研工作起了重要的推动作用。在C/C刹车材料研究过程中遇到了很多难题，其中一个便是大型气相沉积炉和高达2200℃的高温石墨化炉的研制，这两台炉子一次性投资要168万元，也得自己负担，因此，在国家工程研究中心的建设过程中，有相当一部分的资金需要自筹。

6）国家重点工业性试验项目——C/C复合航空刹车副的研究与开发

在C/C复合刹车材料的研究过程中，由于设备资金投入过大，粉末冶金国家工程中心已无力承担这巨大的研究费用，所以便向国家申请了关于"C/C复合刹车材料的国家重点工业性试验"项目，总投资为1.54亿元，其中国家计委下拨3500万元。这些资金的投入为进行C/C复合刹车材料系统科学研究和大规模的扩大试验打下了坚实的基础。

7）引进国内外技术和装备

经过近三年的国内外考察，较好地完成了装备和技术引进任务，从国内外购置了一批工程化研究开发项目所需的尖端设备与技术，主要的实验设备见表4-1。

表4-1 引进国内外设备明细表

序号	设备名称	产地	设备原价值（万美元）
1	金属粉末注射成形系统设备	美国	166
2	真空压力烧结炉	法国	63
3	雾化制粉设备	英国	74
4	等离子光谱发射分析仪	美国	12
5	多台真空中频感应化学气相沉积炉	中国	50
6	热等静压沥青浸渍设备	中国	66
7	Q520金相显微升级改造设备	英国	4
8	粉末粒度测试仪	英国	4.6
9	温压成形设备	瑞典	5.4
10	搅拌球磨设备	美国	13.8
11	脱脂炉	德国	10.4
总计			469.2

从上表可以看出,最后引进设备和技术以及出国考察的费用总计在 470 万美元左右,超出了国家预算,但由于引进和开发工作做到深入细致,按国家计委规定,设备和技术引进工作做得好的可以超出预算。引进这些设备和技术,特别是注射成形技术和成套装备为我国注射成形技术的发展打下了坚实的基础。

8)基础建设全面竣工

经过三年多的建设,投资 520 万元建设的粉末冶金国家工程研究中心的工程化研究实验大楼 4600 m^2 的主体骨架于 1998 年 3 月竣工验收(评为"优良"),配套工程包括排水系统(包括循环水)、供电系统(1800 kVA)、供气系统(高纯氢和高纯氮站)等于 1998 年 11 月竣工验收(评为"合格")。国家工程研究中心实验楼的全面竣工以及投入使用,为科研成果的转化提供了良好的平台,促进了粉末冶金产学研平台的进一步发展。

4.2.3 扩大战果,走向辉煌(1998—)

粉末冶金国家工程研究中心经过 15 年的发展,新建和改建了 5 条中试生产线并投入使用,即 C/C 复合航空刹车材料生产线、金属基航空刹车材料生产线、粉末注射成形生产线、半金属无石棉汽车刹车材料生产线、特种硬质合金生产线,研发出具有国际水平或填补国内空白的高科技产品 5 大类和高新工艺技术 3 类,建成具有综合性开发功能的工程化研究试验基地,构建了粉末冶金领域"基础理论研究—应用研究—工程化试验开发—产业化"的高效高水平创新研发平台,打造出了我国新材料领域高科技成果转化和创新的高效孵化器。国家工程研究中心成为粉末冶金领域内科研成果向生产力转化、工程化验证及中试生产基地。

1)粉末冶金国家工程研究中心的宗旨及主要任务

粉末冶金国家工程研究中心自 1995 年设立以来,始终在"创新、产业化"方针的指引下,不仅积极探索科技与经济结合的新途径,大力加强科技成果向生产力转化的中间环节,促进科技产业化;还面向企业规模化生产的需要,推动集成、配套的工程化成果向相关行业辐射、转移与扩散,促进新兴产业的崛起和传统产业的升级改造;同时努力促进科技体制改革,培养一流的工程化实验条件,形成我国粉末冶金新材料的科研开发、技术创新和产业化基地。

粉末冶金国家工程中心的主要任务是:将科研单位的技术成果进行深度开发和工程化研究,以技术集成的形式在行业内推广;跟踪国外市场,消化、吸收、创新先进技术,为提高粉末冶金技术装备和工艺流程与现代化水平作贡献;为企业技术咨询及高级工程人才的培养提供优质服务。

2)粉末冶金国家工程研究中心的发展战略

粉末冶金国家工程研究中心的发展战略是以粉末冶金新材料和新技术为基础

和切入点,面向国民经济的新材料领域,进一步加强科研队伍建设和管理体系建设;以国际化的合作战略视野,形成具有国际前沿和先进水平的科研成果,努力建设具有国际先进水平的科研平台与科研基地;以粉末冶金新技术、新材料为核心,涵盖相关基础理论和技术研究、学科交叉、应用开发及工程化、技术服务和人才培养的基地为发展目标,在基地建设、学科建设、科学研究、国际交流与合作、人才培养等领域形成鲜明的特色并取得丰硕的成果。

3)粉末冶金国家工程研究中心的发展目标

(1)近期发展目标

以国民经济建设和国家安全的需求为牵引,以粉末冶金新技术、新工艺、新材料和新设备的应用研究为主,走新材料、新技术和新装备与应用基础理论研究相结合、相互促进的道路。通过加强企业管理,调整人员结构,优化配置人才资源,不断拓展产业发展的空间,以培育新的经济增长点,促进产学研的良性循环发展。

第一,不断促进重大科技成果产业化,继续重点扶植和培育一批与依托高校优势学科发展紧密结合的战略性新兴产业领域的高新技术企业,加速实现工程化转化。以市场为导向,追求核心技术创新、产品创新、经营理念创新等,开发具有国际前沿科技水平及重要市场潜力的重大科技项目,进行工程化试验研究,切实吸纳社会企业的参与,开发新产品、培育新的经济增长点。同时,在原有基础上,不断巩固和拓展原有的主导产品,移植再生,拓展技术创新深度、提高产品技术含量、开拓新的应用空间,以实现产品系列化、应用多元化。力争在五年内再孵化3~5项科技成果和工程化项目。

第二,不断整合工程研究中心现有的资源,做大、做强、做优已工程产业化的科技项目。目前,粉末冶金国家工程研究中心已实现工程化及产业化的项目主要包括:飞机刹车材料及机轮刹车控制系统关键技术、汽车刹车材料制备技术及产品、注射成形技术及产品、挤压成形技术及产品等。近三年的主要任务是完善、改造和扩建生产基地及基础设施,优化产品结构,扩大产品销售市场,强化现代企业管理;同时以提高经济效益为中心、低成本扩张为手段、资本增值为目的的发展方针;加强资本运营,把已建立的股份有限公司推向主板市场;不断引入创新机制,激发经营创新、核心技术创新、管理手段创新,实现生产基地商业化建设、营销体系多元化建设和融资方式多样化建设;培育短、中、长期配套产品和利润热点,增强公司发展后劲,确保产值与利润同步较大增长,真正把各公司和产业做大、做强、做优。

第三,加强科技企业文化建设,增强公司的凝聚力和战斗力。积极培植和提炼具有时代特征,又符合自身实际的现代企业精神和经营理念,形成较好的企业价值观和品牌文化,使粉末冶金国家工程研究中心具有活力和成效,富有光辉前景。

现阶段内的具体目标如下：

- 积极配合国家"C919 大飞机"重大项目建设和中航工业的战略布局，在湖南省政府和中南大学的正确领导和大力支持下，加快推进"湖南博云航空创新工业园"项目的建设步伐，形成整套的航空机轮刹车系统产业链，打造世界级航空机轮刹车系统的产业基地。

- 在做精注射成形技术的基础上，大力发展微创医疗器械的产业化规模，将英捷高科打造成为国内最大的一次性微创医疗器械生产基地。

- 建设具有国际先进水平的现代化的年产 1500 t 优质特粗晶碳化钨粉末、600 t 特粗晶矿用硬质合金和 1000 套隧道盾构刀头的生产线。

- 积极开拓民用 C/C 复合材料的国内外市场，重点瞄准太阳能光伏产业，进一步优化工程中心在我国中部地区该领域中的产业布局。

- 加速汽车刹车材料新生产基地建设，扩大产业化，使年产值达 2 亿元。

（2）中、远期发展目标

第一，研究开发高性能系列摩擦制动材料，建成包含汽车制动材料、高速铁路闸瓦材料、风力发电机用金属基刹车材料和飞机刹车材料（含金属基、C/C 复合）等产品的"科研—中试—规模生产—市场营销—国际化经营"的强大孵化基地，与社会联合建立规模生产设施，打造国内一流、国际先进的知名品牌，占领国内较大市场份额，开拓国际市场，建造国际型上市公司。

第二，完善和充实挤压成型制品"国家高新技术产业化示范工程"基地，打造带内螺旋冷却孔的整体硬质合金棒材和细晶粒硬质合金管材及带材的知名品牌，并把产品推向国内外市场。

第三，创建国内一流、规模最大、技术最先进、开发力最强及国际先进的注射成形技术及产品研发基地，并进行多方位辐射转移，形成"科研—工程化—生产—营销—国际化"一条龙发展体系，整合中南大学湘雅医院的设计和销售优势，以及学校机械、电子、材料等多学科资源，实现从关键零部件到一次性微创医疗器械成套件生产和销售，为基于 MIM 技术的微创医疗器械的规模化发展奠定产业基础。

第四，扩大和完善特粗晶硬质合金产品体系，针对矿山开采及地铁隧道工程领域，建成现代化的特粗晶硬质合金生产线，实现年产 1500 t 优质特粗晶碳化钨粉末，600 t 特粗晶矿用硬质合金和 1000 套隧道盾构刀头的规模化生产。

第五，将 C/C 复合增密技术和炭纤维毡体制备技术相结合，针对国内外太阳能光伏领域，开发高温 C/C 复合材料系列产品，特别是开发大尺寸高性能 C/C 复合材料坩埚作为单晶高温炉用结构零部件。

第六，承接新任务，孵化新成果，开发新产品，发展主导产业上、下游产品，创新技术，拓展可持续发展空间，增加工程中心发展后劲，永葆生命力。

4)主要研究开发方向

- 提升 C/C 复合材料的制备技术,扩大应用领域;
- 研发航空用新型炭纤维刹车盘整体毡的产业化新技术;
- 环保型高性能汽车刹车材料产品的高端化技术研究;
- 航空刹车机轮和电子防滑刹车系统的控制技术;
- 特粗晶矿用硬质合金的制备技术;
- 注射成形、挤压技术、喷射成形和温压成形等粉末冶金新技术研究。

5)粉末冶金工程研究中心有限公司的成立与发展

借助世界银行贷款 480 万美元和国内配套 2155 万元人民币的资产,以及中南大学粉末冶金研究院近 2000 万元人民币的资产,经中南大学上报教育部批准,于 2001 年组建了注册资金 8000 万元人民币的具有独立法人资格的国有全资孵化器企业——中南大学粉末冶金工程研究中心有限公司。

2007 年国家发改委颁布了《国家工程研究中心管理办法》,要求各工程中心的发展成果具有通过市场机制实现技术转移和扩散、促进科技成果产业化,并最终形成具有循环自我发展能力的经济实体。

2007 年 11 月教育部(教技中心函〔2007〕198 号文)批准中南大学粉末冶金工程研究中心整体改制为中南大学粉末冶金工程研究中心有限公司,属中南大学资产经营有限公司的全资企业。主要从事现代高性能粉末冶金新技术、新产品的开发研究。中南大学粉末冶金国家工程研究中心有限公司与粉末冶金国家工程研究中心为同一实体,是粉末冶金国家工程研究中心转制的产物。

6)成果转化机制的建立以及五家科技公司的成功孵化

随着粉末冶金国家工程研究中心建设的逐步完成和研究开发工作的快速发展,管理体制改革也逐步展开。根据国家计委《关于粉末冶金国家工程研究中心项目可行性研究报告的批复》(计科技〔1995〕978 号)规定:项目实施过程中,贯彻"积极促进科技经济一体化的精神,依法建立有科研单位和相关企业参与的有限责任公司。"

粉末冶金国家工程研究中心在国内粉末冶金新材料领域是基础研究—应用研究—产业化链条最完善、竞争力最强的公司,基础研究依托中南大学,应用研究和产业化在工程中心完成,完善的产业化链条使得粉末冶金工程研究中心能在短时间将行业内最新的先进技术应用于规模生产中,快速转化为经济效益,为增资扩股创造了良好的条件。截至 2012 年底,该中心已成功孵化出 5 家企业,总投资金额为 27860.95 万元。具体组织架构如图 4 - 1 所示。

粉末冶金国家工程研究中心始终把产业发展和国家的战略需求紧密结合在一起,围绕发展"产业集群"这一主线以"学科性公司"为载体,夯实技术和行业优势,不断扩展相关产业链条,形成有竞争优势的规模化产业集群,将吸纳的社会资金用于扩大投资以不断增强粉末冶金的发展能力，不仅符合国家、地区的产业政策和中心中长期发展战略，同时也符合产学研的发展目标，能更好更快的把科研成果转化为经济生产力，增强了国家工程研究中心的发展后劲。

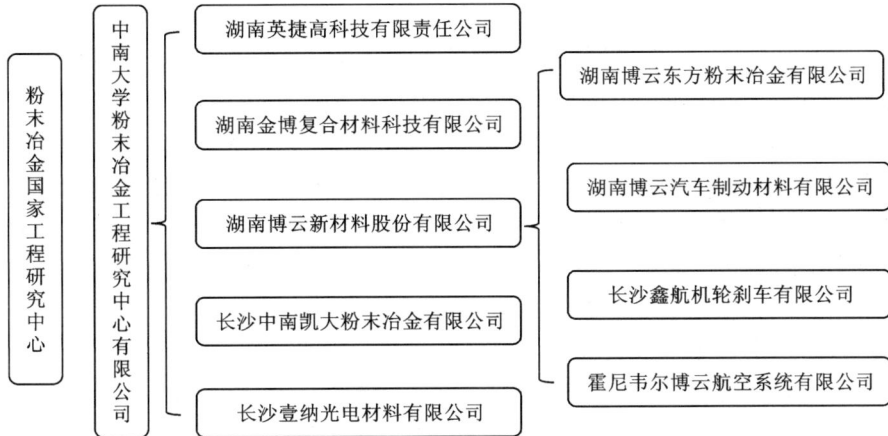

图 4 - 1　粉末冶金工程研究中心组织架构图

成功孵化的五家科技公司的主要产品和技术领域包括飞机刹车材料、汽车刹车材料，注射成形技术及产品，挤压成形技术及产品。中心通过孵化器的功能和学校多学科优势实现工程化和集成化，解决了一系列制约我国航空、汽车和相关制造业中关键新材料及零部件的产业技术瓶颈。

7）粉末冶金国家工程研究中心取得的成果

目前，粉末冶金国家工程研究中心依托中南大学已基本形成了"构筑大平台、汇聚大团队、承担大项目、取得大成果、做出大贡献"的科技创新模式。自 1994 年原国家计委立项支持到 2010 年，粉末冶金工程研究中心先后承担国家及省部级科研项目近 500 项，申请各项发明专利 346 项，其中已授权 167 项（含国外专利 3 项），获得国家级、省部级奖励七十余项，发表高水平论文二千七百余篇。学科带头人中国工程院院士、中南大学前校长黄伯云教授率领的创新团队创造发明的"高性能 C/C 航空制动材料的制备技术"荣获国家发明一等奖，结束了我国国家发明一等奖项目连续六年空缺的历史。

同时，粉末冶金国家工程研究中心实现了国家工程研究中心的高新技术产业化、运行机制企业化、发展方向市场化，制度创新与科技创新并重的战略方针，取得了一系列重大的创新成果。粉末冶金工程研究中心灵活对接国家战略需求，在产业方面"横向拓展、纵向延伸"，获得了发展的新空间。国家发改委鼓励和支持粉末冶金工程研究中心在科技成果转化形成产业方面采取"横向拓展、纵向延伸"的策略。

在"C/C 复合材料的制备技术"的基础上，粉末冶金工程研究中心在横向拓展了军用、民用两种刹车材料，向军民两用多个行业进行辐射拓展。高性能炭/炭复合材料航空刹车副不仅满足我国多款军用飞机的特殊需要，也获得了国家民航总局的许可证，民用产品供应于波音 757/737、空客 A320/319 等机型。

粉末冶金国家工程研究中心下属子公司博云新材料股份有限公司与美国 Honeywell 公司联合中标国家 C919 大飞机机轮刹车系统建设项目，在纵向上从原来对刹车片技术的掌握，拓展到对 C919 大飞机全套"起落架系统"的开发与生产。大飞机 C919 机的刹车片投产在即；拟在长沙市高新技术开发区投资 20 亿元、建设面积 1500 亩的配套工业园区——"湖南博云航空创新工业园"。项目达产后，将形成完整的航空机轮刹车系统产业链，有望成为世界级的机轮刹车系统研发和生产基地。

8）粉末冶金国家工程研究中心取得的成绩与荣誉

国家发改委在 2007 年对支持建设的所有国家工程中心优胜劣汰、动态调整运行管理评价，粉末冶金国家工程中心在国家发改委组织的全国的国家工程研究中心的评估考核中，连续三次考核评价为第一名。

2010 年"粉末冶金国家工程研究中心"以 90 分的总成绩位列榜首并获得优秀，这是继 2007 年国家发改委首次开展评价以来唯一一家蝉联第一的国家工程研究中心。

2012 年 3 月 17 日，国家发改委再次对全国 86 家工程研究中心进行考核评估，中南大学"粉末冶金国家工程研究中心"再次获得第一名的考核评价。

迄今为止，国家发改委已开展了 3 次全国评价，粉末冶金国家工程研究中心正是在这种优胜劣汰和动态调整的竞争机制之下，连续三次获得 90 分的优秀成绩，蝉联国家工程研究中心评价第一名。

2011 年 11 月，中南大学粉末冶金工程研究中心有限公司被中国高校校办产业协会评为"2011 中国高校企业产学研结合典型案例"。

9）各子公司简介

（1）湖南博云新材料股份有限公司

湖南博云新材料股份有限公司（简称博云新材）于 2009 年 9 月上市，股票代码：002297，公司坐落于湖南长沙国家高新技术产业开发区。2001 年 7 月，由中南工业大学粉末冶金研究所整体改制而成，是中国工程院院士、国家 863 计划新材料领域首席科学家黄伯云教授，长江学者、博士生导师熊翔教授等国内知名的粉末冶金复合材料专家团队创建的高科技企业。公司注册资本 11400 万元人民币。现有员工 263 人，其中院士 1 人、博士 5 人、硕士 19 人，大专以上学历 160 人，中级以上职称 106 人。

公司拥有包括国家发明奖、国家科技进步奖及具有自主知识产权的发明专利十余项，为湖南省人民政府认定的高新技术企业。"高性能炭/炭航空制动材料的制备技术"荣获 2004 年度国家科学技术发明一等奖，结束了该奖项连续六年空缺的历史；"高性能粉末冶金飞机刹车材料制造"实现了某型飞机刹车材料的国产化，1997 年获得国家科学技术发明二等奖。

公司从事摩擦制动材料和炭/炭复合材料的研究、开发与生产，形成了具有完全自主知识产权的产品系列。产品涉及航空、航天、铁路等领域。多种机型航空刹车副已广泛应用于军民用飞机上，部分产品还出口东南亚、俄罗斯等国家和地区。

自主研发的多种型号炭/炭复合材料喷管，已成功应用于航天飞行器。公司逐步完善形成了一套完整的产品质量保证体系，通过了 ISO9001—2000 国际质量保证体系和 GJB/z9001—2000 质量体系的认证，得到了民航适航部门和军航管理部门的认可。公司秉承以人为本、科技创新的经营理念，以"科技铸博云品牌、新材造优质产品"为质量方针，依托高校特有的人才和技术优势，在摩擦材料领域异军突起，取得了产业化社会效益和经济效益。

（2）湖南博云东方粉末冶金有限公司

湖南博云东方粉末冶金有限公司是中南大学粉末冶金工程研究中心有限公司、邦信资产管理有限公司共同发起设立，由湖南博云新材料股份有限公司（股票代码：002297）控股的子公司，注册资金为人民币 6000 万元。公司由我国著名的材料科学家黄伯云院士为首席科学家和董事长，集国内外人才、技术和市场优势的产学研一体化的首批国家级高新技术企业。公司主营业务为高性能硬质合金产品的研发、生产和销售。

公司紧密依托中南大学、粉末冶金国家重点实验室、粉末冶金国家工程研究中心、轻质高强结构材料国家级重点实验室、中国有色金属工业粉末冶金产品质量监督检测中心，多次承担了"国家高技术研究发展计划（863 计划）""科技型中小企业创新基金"课题和省市科研项目，并多次获省市科技进步奖。公司有规范的法人管理结构和完善的管理体系，通过了 ISO9001 质量体系认证，公司品牌在行业内已经具有相当高的知名度和影响力。公司形成了棒材、模具材料、顶锤、特种刀（工）具等硬质合金产品系列，在航空航天、汽车、国防建设、冶金、工程和矿山机械、化工、轻工家电和微电子等工业领域有着广泛的应用。

公司注重技术创新，超细/纳米硬质合金整体制备技术达到国际先进、国内领先水平。公司是国内目前唯一能批量生产 WC 晶粒 $\leqslant 0.3\,\mu m$ 的高性能超细晶硬质合金的企业。超细晶硬质合金棒材，特别是内螺旋冷却孔棒材正在快速替代进口产品，进入航空发动机、汽车发动机等高端装备制造领域。

公司硬质合金高速冲裁模具材料国内市场占有率第一，已部分取代进口产品并出口到国外。独特的生产工艺，有效控制了大尺寸硬质合金制品的内应力，从而避免了产品线切割加工开裂的现象。优异的使用性能与稳定质量，受到模具业界的高度关注和认同。高性价比，成为国际硬质合金模具材料领域的有力竞争者。

公司追求在新材料领域实现顾客的梦想，并依靠锲而不舍的技术创新、准确的市场定位和产品定位，以敏捷响应市场的经营运作来创造、发现并满足市场需求及客户需要，营造公司的核心竞争能力，实现客户、公司、员工以及社会的共赢。提高行业技术水平，推动行业发展及社会进步，产业报国，为中华民族的复兴而贡献全力。

"创新成就你我"是公司的核心理念，公司的存在就是要通过技术创新、管理创新以及企业文化创新来创造客户价值，促进公司发展，回馈和服务于社会。

（3）湖南博云汽车制动材料有限公司

湖南博云汽车制动材料有限公司是一家专业从事汽车制动摩擦材料研发、生产和销售的高新技术企业。公司成立于2002年6月，注册资本为人民币13500万元，位于长沙市国家高新技术产业开发区博云麓谷工业园，占地200亩，建筑面积5万 m^2。

公司以中南大学粉末冶金研究院、粉末冶金国家重点实验室、粉末冶金国家工程研究中心为依托；生产的环保型高性能汽车刹车片技术来源于国家"九五"重点科技攻关项目、国家863计划引导项目和国家高新技术产业化示范工程项目的科研和产业化成果，具有完全的自主知识产权。公司也是汽车制动摩擦材料行业唯一一家3次得到国家支持的单位。

经过多年的努力，公司已建立了定速实验室、力学性能实验室、物理性能实验室、理化分析实验室、高分子实验室和台架性能实验室，拥有一批性能优良、国际先进的摩擦材料研究开发和检测设备。

2008年5月，美国LINK工程技术公司与中南大学签署组建林博工程技术中心，首批从LINK公司采购的测试设备已于2009年9月安装调试完成，并已投入正式运行，其中包括一台3900型NVH噪音台架试验机，一台1620型压缩性能试验机、一套便携式随车数据采集系统，此外，2010年，两台3000型性能台架试验机也正式投入使用。另一台大惯量台架试验机6900型亦在着手洽谈。

公司有一支以黄伯云董事长、刘伯威总经理为技术带头人的研发团队，目前有研究开发和工程技术人员48人，其中具有博士学位的5人，硕士学位的9人，本/专科学历的24人，平均年龄31岁。工程技术人员的知识结构合理，实践经验丰富，技术力量雄厚。

经过国家863计划、"九五"科技攻关计划和国家高技术产业化示范工程项目的支撑建设，公司在汽车制动摩擦材料基础理论、研究开发和工程化应用等方面都得到了长足的发展，在国内处于领先水平，研究开发的无石棉汽车制动摩擦材料具有刹车灵敏、制动平稳、抗热衰退性能良好、无制动噪音、对偶损伤小、使用寿命长等特点，部分产品的性能接近或达到甚至超过了国外同类产品。经过多年的研究开发，公司在深入研究国际市场最高端的汽车制动材料的基础上，全面学习了国际上严格的制动材料检测技术标准和规范，采用先进的制造工艺，把现代陶瓷基复合材料和高温黏结技术引入传统的树脂基汽车刹车材料制造中，突破了多项关键技术，在国内外率先成功开发出了陶瓷基汽车刹车材料，形成完善的半金属、低金属、非金属三大系列配方体系，并在国内、国际成功申请专利 18 项，已授权 12 项。

公司以高新技术为起点，引进国内外先进的生产设备，组建了盘式刹车片、鼓式刹车片、制动蹄总成等 5 条生产线，可年产刹车片 2300 多万套，形成盘式刹车片、大鼓片和小鼓片、蹄总成、风力发电和工程机械四大系列产品，其中盘式刹车片一千二百多个品种，大鼓片二百多个品种、小鼓片蹄总成五十多个品种，风力发电和工程机械二十多个品种。公司同时完善并形成了一套标准的质量管理体系，从制度上保证了公司的产品质量。公司于 2002 年 12 月通过了 ISO 9001：2000 质量管理体系的认证，于 2007 年 2 月通过了 ISO/TS16949：2002 质量管理体系莱茵技术监督服务有限公司（TUV Rheinland Group）的论证。

几年来，公司已为汽车主机厂开发出 170 多种配套产品，成为上汽通用五菱、中国一汽集团、东风汽车集团、长安汽车集团、海马汽车、比亚迪汽车、长城汽车、长丰猎豹汽车、重庆力帆汽车、江西昌铃汽车、神龙汽车、北汽福田、奇瑞汽车等主机厂指定配套企业。

公司通过拥有的先进的摩擦材料分析和检测设备，产品开发能力和持续创新能力正在不断加强；在拥有国内配套市场、发展国内零售市场的同时，正努力开拓国际市场，通过与美国 NAPA、HONEYWELL、德国 BOSCH 等国际知名公司的合作，正向中高档汽车配套方向发展。公司凭借先进的工艺、高新的技术，正在努力向着"国内领先、世界一流的企业"的目标迈进。

（4）湖南金博复合材料科技有限公司

湖南金博复合材料科技有限公司成立于 2005 年 6 月，坐落于湖南省益阳市高新技术开发区，是一家集研发、方案设计、生产、销售于一体的应用炭纤维进行炭/炭复合材料产品制备的高科技企业。公司具备一支由院士、博士、高级工程师和技师组成的创新团队，研发实力雄厚，持续创新能力强。公司已经申报专利 56 项，已获授权 40 项，其中发明专利 9 项；牵头制定了 4 项国家与行业标准。

公司的主导产品炭/炭复合材料（CFC）是"2004 年国家技术发明一等奖"产业化项目的重点组成部分。该产品具有高比强度、高比模量、耐高温、耐烧蚀、膨胀系数小，耐急冷急热而不变形不开裂等优良性能，在航空航天、高温热处理、电力、新能源等民用领域有广泛的应用前景。目前公司重点为太阳能级单、多晶硅生产领域、冶金高温炉加固应用领域提供性能卓越、性价比高、具有显著节能减排效应的高性能产品和全套解决方案。

公司现已成为国家火炬计划重点高新技术企业、国家"十一五"高性能炭纤维复合材料产业化示范基地、湖南省首批新型工业化示范企业、省知识产权优势培育企业、《湖南省新材料产业振兴实施规划》重点支持和发展的企业、湖南 2011 年重点培育发展 100 个战略性新兴产业项目之一。2011 年,公司大尺寸高性能炭纤维复合材料保温筒获国家发改委产业振兴项目支持、承担了湖南省战略性新兴产业重大科技成果转化项目;同年,公司"炭/炭复合材料坩埚及其生产工艺"获得湖南省专利二等奖;2012 年 5 月,公司获得"炭/炭复合材料低成本制备技术湖南省工程研究中心"授牌;2012 年以金博科技为主体承担了国家科技部高技术研究发展计划项目(863 计划)。

公司在注重经济效益的同时,秉承全面发展理念,把回报社会、支持地方经济作为己任。公司秉承服务国家、回报社会的需求,大力支持地方经济和文化建设,积极参与文明城市共建。2011 年,公司获"湖南省'安康杯'竞赛优胜企业"荣誉称号;2012 年,公司党支部获得"湖南省非公有制经济组织先进基层党组织"荣誉称号;公司被益阳市绿化委员会评为"花园式单位""创卫美家园达标庭院"。

近年来,公司积极融入全市经济发展全局,以加快产学研结合、加大科技创新、加强企业文化建设、加强党群工作建设为指导,致力于新材料、新产品开发和研究,运用新的市场理念,在炭纤维复合材料民用工业领域,找准企业自身的位置和发展方向,不断突破核心技术,打造自主知识产权品牌,为打造世界品质一流的民用 C/C 复合材料制造商、供应商、服务商的宏伟目标打下了坚实的基础。

(5)湖南英捷高科技有限责任公司简介

湖南英捷高科技有限责任公司是在粉末冶金国家工程研究中心于 1995 年以 166 万美元从美国引进整套注射成形技术及装备的基础上,以中南大学粉末冶金研究院的高科技人才为主体发展起来的。湖南英捷高科技有限责任公司以中南大学粉末冶金研究院技术力量为依托,采用粉末注射成形技术生产各种精密复杂金属零件。湖南英捷高科技有限公司的成立使其成为国内最早的粉末注射成形专业公司。公司现位于中南大学粉末冶金研究院内,在湖南工商行政管理局注册登记,注册资本为人民币 5000 万元。

中南大学粉末冶金研究院早在 1995 年就开展了粉末注射成形技术的研究。在国家自然科学基金和国家 863 高科技项目的资助下,取得了一系列研究成果,并获得了国家科技进步二等奖。

通过多年的磨合,公司已经形成一支高凝聚力的战斗团队,在研究开发方面更是具有其他公司不可比拟的优势。不仅可按客户提供图纸的要求生产产品，更能直接参与客户产品设计，为客户提供产品材料选型、性能提升等全方位产品设计和服务。

十年来，通过全体员工的共同努力，公司已经完成了高技术企业孵化和转变，成为一家具有规模生产能力的现代化企业。公司年生产各种 MIM 零件三千余万件，产品远销到美国、欧洲、澳洲、日本等发达国家和地区。2001 年公司通过了 ISO9001：2000 质量体系认证。该体系通过了美国 New Phoenix，澳洲 Parasole，美国 Byrd Knife，加拿大的 Bovie 等国际知名企业的审核，得到了充分的肯定和很高的评价。同时，公司还将在未来的几年内陆续完成包括汽车（ISO/TS16949）、医疗（ISO13485）、环境（ISO14001）等领域的专业认证。

目前，公司已经从稳步增长阶段迈入到快速发展时期，并将进一步扩大市场占有率，保持技术持续创新，严格按照质量体系进一步提高管理水平，向国际化目标迈进。

（6）长沙壹纳光电材料有限公司简介

长沙壹纳光电材料有限公司，前身为湖南博云新材料股份有限公司（证券代码：002297）光电材料事业部，2011 年 11 月，由中南大学粉末冶金工程研究中心有限公司增资控股。其技术依托于中南大学粉末冶金研究院，是一个专业从事氧化物纳米粉末及其相关制品的设计开发、生产、销售和服务的专业性企业。

公司立足于光电子行业新型材料的最前沿，为中外 LCD、LED 及电池行业提供粒径细、分散性好、纯度高的铟锡氧化物（ITO）纳米粉末、氧化铟（In_2O_3）纳米粉末、氢氧化铟（$In(OH)_3$）纳米粉末、高纯铟和高密度、高均匀性、低缺氧率的 ITO 靶等系列产品。

公司于 2010 年 8 月建立并通过 ISO9001：2000 质量管理体系认证。公司秉承"品质卓越、顾客满意"的质量方针，通过审核结果、数据分析、纠正和预防措施以及管理评审等建立完善的持续改进机制，以达到持续改进质量管理体系有效性的目的。通过向顾客提供满意的产品和服务，达到顾客满意并争取超越顾客的期望。

公司倡导"以人为本"的团队合作精神和创新精神，始终以"发展先进技术服务社会"为己任，以市场为目标，以精湛的技术、科学的管理、精细的生产、周到而专业的服务，为广大国内外客户提供一流的产品和服务。

（7）长沙中南凯大粉末冶金有限公司

长沙中南凯大粉末冶金有限公司由中南大学粉末冶金工程中心有限公司控股，注册资本为人民币 4318.69 万元。公司是中国著名的硬质合金制造商之一，其前身中南大学粉末冶金厂始建于 1964 年，已有 40 多年制造硬质合金的历史。公司现有员工 148 人。公司主导产品是矿用硬质合金，年生产能力 360 t，包括钎片、矿用球齿、截煤齿、盾构件、工程齿、模具用硬质合金和异型耐磨零件等。可以根据客户的不同需求来样、来图组织生产各种产品。产品不仅畅销国内钎具行业,而且出口到世界各地。

公司有规范的法人治理结构和完善的内部管理体系,于2001年通过了ISO9000质量管理体系认证。"坚持质量第一,做到顾客满意"是公司全体员工坚定不移的理念和行为准则,也是公司生产经营的基本准则。公司生产的YJ系列合金曾获国家银质奖,主导产品Y系列和G系列硬质合金2011年连续第五次获得湖南省名牌产品称号,"凯字牌"(K – BRAND)商标2011年连续第五次被评为湖南省著名商标,2011年公司被复评认定为湖南省高新技术企业。公司与中南大学冶金科学与工程学院等单位一起合作开发的"难冶钨资源深度开发应用关键技术"获得2011年国家科技进步一等奖。

4.3 中国有色金属工业粉末冶金产品质量监督检验中心(质检中心)

4.3.1 质检中心的创建及首次实验室认可和计量认证

1)质检中心的创建

中南大学是全国重点大学,拥有国内材料学科科研力量雄厚的粉末冶金研究院。从世界银行贷款120万美元建成的粉末冶金国家重点实验室,为组建中国有色金属工业粉末冶金产品质量监督检验中心创造了良好条件。通过积极申请,中国有色金属工业总公司1990年以[90]中色科监便字第12号批准在中南工业大学(现中南大学)挂靠在粉末冶金研究所筹建中国有色金属工业粉末冶金产品质量监督检验中心。

学校对粉末冶金学科的发展给予了极大的支持,国家也给予巨额投入,使其装备条件居国内领先水平,具备很强的分析检验能力。组建阶段,所里抽调骨干力量,成立了以熊春林为主任,罗钧山为副主任的筹备办公室,积极收集粉末冶金标准及有关资料,完善检测手段,改善环境条件等,并为全部有关检测仪器、计量器具进行了法定计量检定。1992年,通过国家技术监督局委托中国有色金属工业总公司组织的专家审查,取得了国家技术监督局颁发的认可证书见图4－2,质检中心正式挂牌运行。

2)首次实验室认可和计量认证情况

为进一步提升中国有色金属工业粉末冶金产品质量监督检验中心检测服务水平,更好的服务社会,出具国际互认的权威检测报告,中心必须按照国际通用的实验室认可准则实行持续有效质量管理。中心全体人员积极学习相关文件，改进实验室工作，在全国较早取得了国家实验室认可委颁发的实验室认可和计量认证证书。

1992 年首次以（92）量认（国）字［E0869］号正式授权认可。1998 年 2 月 4 日获中国实验室国家认可委员会认可（认可证书号为 0103），并获得（98）量认（国）字［E0869］号计量认证合格证。1999 年 3 月 5 日国家有色金属工业局国色行字［1999］105 号文件通知更名为"中国有色金属工业粉末冶金产品质量监督检验中心"。历次实验室认可和计量认证情况见表 4 - 2。

图 4 - 2　质检中心认可证书

表 4 - 2　历次认证认可一览表

时间	评审类型	认可的检测能力	授权签字人
1992.11.22—1992.11.24	初次计量认证	硬质合金、钨钼材料的粉末原料；钨、钼、钽、铌制品；硬质合金产品；铝粉；其他有色金属粉末及制品共 6 类，30 个产品	
1997.12.02—1997.12.04	实验室认可和计量认证二合一初次评审	硬质合金、钨钼材料的粉末原料；钨、钼、钽、铌制品；硬质合金产品；铝粉；其他有色金属粉末及制品共 6 类，30 个产品	
1999.12.17	监督评审	硬质合金、钨钼材料的粉末原料；钨、钼、钽、铌制品；硬质合金产品；铝粉；其他有色金属粉末及制品共 6 类，30 个产品	
2001.03.08	监督评审	硬质合金、钨钼材料的粉末原料；钨、钼、钽、铌制品；硬质合金产品；铝粉；其他有色金属粉末及制品共 6 类，30 个产品	

续上表

时间	评审类型	认可的检测能力	授权签字人	
2003. 01. 18—2003.01.20	复评审＋扩项	仲钨酸铵、氧化钨、钨粉等共30项、项目参数670项、检测标准571项	廖寄乔	黄志锋
2004. 07. 08—2004.07.09	监督评审	仲钨酸铵、氧化钨、钨粉等共36项、项目参数670项、检测标准395项	廖寄乔	黄志锋
2005. 11. 03—2005.11.04	监督评审	仲钨酸铵、氧化钨、钨粉等共36项、项目参数571项、检测标准393项	廖寄乔	黄志锋
2007. 01. 11—2007.01.12	监督评审	仲钨酸铵、氧化钨、钨粉等共36项、项目参数571项、检测标准393项	廖寄乔 郑灵芝	黄志锋
2008. 03. 14—2008.03.16	复评审	仲钨酸铵、氧化钨、钨粉等共61项、项目参数537项、检测标准366项	廖寄乔 郑灵芝	黄志锋
2009. 04. 27—2009.04.28	监督评审	仲钨酸铵、氧化钨、钨粉等共61项、项目参数537项、检测标准386项	廖寄乔 郑灵芝	黄志锋
2011. 01. 14—2011.01.16	复评审	仲钨酸铵、氧化钨、钨粉等共36项、项目参数460项、检测标准194项	廖寄乔 郑灵芝	黄志锋
2012. 06. 09—2012.06.10	监督评审	仲钨酸铵、氧化钨、钨粉等共35项、项目参数460项、检测标准94项	廖寄乔 郑灵芝	黄志锋

4.3.2 质检中心概况

1)质检中心拥有的实验室概况

中国有色金属工业粉末冶金产品质量监督检验中心面积二千余平方米,进口大型精密仪器一百余套,固定资产约1亿元。下设办公室、粉末性能实验室、金相实验室、力学性能实验室、物理性能实验室、化学分析实验室、电镜/X射线衍射实验室、摩擦与磨损实验室等。

质检中心的第一届主要负责人:黄伯云任主任,李溪滨任常务副主任,匡光银、钟宏、廖寄乔(兼办公室主任)任副主任。

（1）粉末性能实验室

测定粉末的有效密度、流动性、振实密度、松装密度等；氮吸附法测定物质比表面积及孔径分析；光子相关光谱法测量纳米颗粒，激光衍射法、干筛分法测定粉末粒度分布及费氏法测定粉末平均粒径；各种致密烧结金属材料及烧结金属材料密度的测定以及烧结金属材料开孔率的测定。

（2）力学性能实验室

有色金属、黑色金属、非金属、粉末烧结金属材料、烧结金属摩擦材料及硬质合金的常规力学性能检验：硬度（洛氏、维氏、布氏）、抗弯强度、抗拉强度、抗压强度、延伸率及冲击韧性等；承担粉末压缩性、压坯强度等特殊力学性能测试。

（3）金相实验室

承担有色金属、黑色金属以及粉末冶金制品的常规金相检验；采用 Leica 公司 Q550 图像分析仪定量地对显微结构进行测量研究。对晶粒度、相或组成物的体积百分率、片间距、球化级别以及脱碳层、渗层深度的定量测量；应用 Leica 公司的 MHT－4 显微硬度仪测量显微硬度；透射电镜样品的制备；高分子材料的黏度及黏弹性系数的测定以及电性能和磁性能的测定等。

（4）物热性能实验室

各种固体材料的差热分析（DTA）、热重分析（TG）和热重微分（DTG）测量；金属和非金属材料 50～1500℃平均热膨胀系数；测量金属及非金属材料的导热系数、热扩散率、比热等。

（5）化学分析实验室

金属及其合金中 B、Si、Al、Ca、Mg、Fe、Cu、Pb、Zn、As、Sb、Ti、Co、Ni、Ag、Cr、Zr、Bi、P、Cd、Li、W、Mo 等元素分析；承检各种高纯物质、纯物质、各种纯金属粉末光谱定量分析；各种岩石、矿物、硅酸盐、碳酸盐的光谱半定量分析以及对各种岩石、矿物、各种金属材料的定性分析；活性铝的测定、总碳、游离碳的测定、硫总含量的测定、碳化硼中总硼及游离硼的测定等。

（6）电镜/X 射线实验室

承担地质、选矿、冶金、化工原料、金属材料等固体试样的微观组织、断口形貌及微区化学分析；承担粉末的形貌、形状、尺寸以及粉末烧结金属材料的扩散、渗透、固溶等微区的成分分析；物相定性定量分析、晶系确定、结晶度分析、宏观残余应力分析、晶块尺寸和晶格畸变测量、颗粒大小和分布测量、小角度散射、摩擦系数、磨损率等测量。

（7）摩擦与磨损实验室

能够对材料进行电阻测量、模具结合力测量、高频声信号测量、高精度磨损测量、弹性模量测量、表面抗疲劳冲击性能测量等 。

（8）磁性能实验室

分析硬质合金产品的矫顽磁力、钴磁、比饱和磁化强度；分析软磁材料和硬磁材料的矫顽磁力、剩磁、磁导率、磁通率、磁阻等性能。

4.3.3 质检中心承检范围及能力

质检中心具有第三方公正性，能承担法律责任的检验机构，主要根据《检测和校准实验室能力认可准则》和《实验室资质认定评审准则》的要求运行质量管理体系，以"科学、公正、准确、及时"的质量方针为客户服务。

随着新的大型精密仪器设备的添置，涉及的检测领域和范围不断扩大，能够承检项目也是越来越多，由当初几类产品的十几个项目提升到现在十多类产品的四百多个项目。

1) 检测领域

金属与合金，矿石与矿物，黏土、陶瓷与有关材料，金属和金属制品，金属粉末和粉末冶金制品，铝和铝合金，其他金属和合金的微观测试。

2) 检测范围

钢、铁、钴、镍及镍合金、铜及铜合金、金属锰、锌及锌合金、铝及铝合金、钨及其化合物、碳化铬、二硼化钛、钨精矿、核级碳化硼、金属和金属制品、金属粉末冶金与制品、变形铝及铝合金制品和镁合金等。

3) 涉及的产品

仲钨酸铵、氧化钨、钨粉、碳化钨粉、电解镍粉、电解铜粉、锌粉、氧化钴、铸造碳化钨、雾化6－6－3锡青铜粉、空气雾化铝粉、球磨铝粉、粉末冶金用还原铁粉、电焊条用还原铁粉、烧结金属摩擦材料、钨条、钨板、硬质合金焊接刀片、硬质合金拉伸模坯、硬质合金顶锤与压缸、矿山、油田钻头用硬质合金齿、凿岩工具用硬质合金制品、建材加工工具用硬质合金制品、地质勘探工具用硬质合金制品、煤炭采掘工具用硬质合金制品、碳化钨钢结硬质合金、粉末冶金铁基结构材料、粉末冶金滑动轴承共18类产品。

4.3.4 "质检中心"质量方针、质量目标和服务领域

1) 质量方针

质量方针："科学、公正、准确、及时"。

坚持检测质量第一的原则，以科学的检测手段和方法，公正的态度，准确的结果，及时为客户提供优质、高效的服务。

2) 质量目标

严格遵守质量手册，不断地建立与完善管理体系，使"中心"各项工作的运行始终处于高质量、高效率的状态，使"中心"始终符合认可准则的要求。

保证工作质量不受任何压力的影响，始终保持公正的态度。

严守客户的技术、商业秘密以及所有权。

在内部实施奖惩办法，不断增强全体员工执行质量手册的自觉性与责任感。

客户满意率高于98%。

客户投诉24小时内答复，7天内给予解决。

3）服务领域

各种粉末和制品的委托检验。

为企业建立分析实验室，培训分析员。

粉末冶金分析仪器的研制和生产。

产品质量争议的仲裁检验。

开发新的检测技术和方法，进行检测技术指导。

国家指定产品的质量监督抽查检验。

承担或参与国际标准、国家标准、行业标准的制订、修订和有关标准的试验验证。

受有关部门的委托，对实行生产许可证产品的质量进行检验及新产品投产的鉴定。

4.3.5　"质检中心"已承接的任务和运行情况

1）承担国家质量监督抽查检验情况

自1992年12月组建以后，1993年承担国家技术监督局下达的，国内首次全国钨粉监督抽查任务，涉及全国四十余家企业。经对24个工厂的抽查，提供了数万个检测数据，质检人员冒酷热，战高温，放弃暑假休息，终于保质保量按时完成了任务，做到了精确、严格、公正，得到了上级和同行专家，以及有关企业的一致好评；中国有色金属工业粉末冶金产品质量监督检验中心于1996年第二季度承担了全国首次硬质合金产品监督抽查任务，涉及全国24个企业的30个产品，经过质检中心工作人员的不懈努力，圆满地完成了此次抽查任务。近年来，还承担了各部委、省、市等企业、研究院所委托的近万件的检测任务，都提供了权威的检测报告，得到了用户的称赞。

2）承担或参与标准制、修订工作情况，开发新的检测技术和方法

有色金属标准化是有色金属工业的一项基础性技术工作。为了满足国民经济发展对有色金属行业标准化的需要，质检中心的标准化工作者勤奋努力、开拓进取，承担部级科研任务，制定了很多国家和行业标准，为我国有色金属工业的发展作出了重要贡献。1998—1999年编制并组织审定了14个分析测试的方法，即《二硼化钛粉末（含总硼、铁、碳、氧、钛量测定）化学分析方法》《核级碳化硼粉末（含总硼、游离硼、铁、碳、氧量测定）》和《碳化铬（含碳、铬、硅、铁量测定）化学分析方法》。1999—2000年制定了国标GB/T 5158《金属粉末还原法氧含量的

测定》和行标 JB/T 9137《烧结金属材料（不包括硬质合金）的金相制备和检验》；参与编制和出版了《粉末冶金标准手册》；参加了国防科工军用标准项目《军用飞机刹车材料规范》。2000—2002 年制定了国标 GB/T 19077.1《颗粒粒度分析 激光衍射法指南》和国标《硬质合金 火焰原子吸收光谱化学分析方法 第 1 部分—第 7 部分》；2001—2002 年参加起草了 GB/T 6524《金属粉末粒度分布的测定——光透法》和 GB/T 5163 - 5163《可渗性烧结金属材料密度、含油率和开孔率的测定》。2001—2003 年制定了《烧结金属材料规范》和《金属粉末颗粒粒度分布的测量 重力沉降光透法》。2007—2008 年制定了 GB/T 3500《粉末冶金术语》。

GB/T 19077.1—2003《粒度分析激光衍射法》和 GB/T 3500—2008《粉末冶金术语》分别于 2007 年和 2010 年获得中国有色金属工业协会科技进步三等奖。因为标准化工作者勤奋努力、开拓进取，多次获得了粉末冶金标委会的表彰。廖寄乔同志在标准化岗位上的巨大成绩被国家有色金属工业局评为全国有色金属标准化先进工作者和有色金属材料军用标准化工作先进个人。

同时为满足中南大学粉末冶金研究院 C/C 复合材料研制的需要，X 衍射实验室开发了石墨化度检验方法，并配合设备开发了物相定量分析软件，为 C/C 复合材料刹车盘的研制获得国家发明一等奖"保驾护航"。

3）对企业进行检测技术指导和人员培训

"质检中心"与客户保持紧密的联系，通过开展客户调查、搜集反馈信息，了解客户的需求，积极为企业提供优质的检测服务，还对有需求的客户进行检测技术指导和人员培训。比如对湖北荆门金钻硬质合金有限公司、佛山南海日东工具制造有限公司、株洲金鼎硬质合金有限公司、株洲金韦硬质合金有限公司和江西江硬有限公司这样刚刚兴建的硬质合金厂进行专业的一对一的金相检验培训。对敦化正兴磨料有限公司、三一中源材料有限公司这些需要提高检验水平的客户培训化学分析检验技术，同样对有需要交流和学习的大企业如江西江钨硬质合金有限公司和长高集团等进行金相和化学性能分析测试指导，对中南大学化学化工学院的学生实习提供帮助，对浙江乐清市南方硬质合金有限公司、湖南恒基粉末科技有限公司等企业的实验室建设提供一条龙的指导与培训服务。

4）粉末冶金分析仪器的研制和生产

目前已研制和生产出金相定量图像分析仪、数字矫顽磁力全自动测量仪、费式粒度测量仪、碳氧测量仪、钴磁自动测量仪等粉末冶金分析仪器。

5）承担检测服务和人才培养服务

自运行以来，为粉末冶金研究院的科研和生产提供的快速准确的检测分析服务不可计数，同时也为教学科研人员以及学生提供实验指导工作，培养了一批批实验动手能力强的师生。为社会提供的第三方检测报告达一万多份。

4.4 轻质高强结构材料国家级重点实验室

（略）

4.5 粉末冶金学会、协会的组建与学术活动的开展

粉末冶金具有跨行业与跨部门的特点，即粉末冶金材料的研究与生产、粉末冶金材料与制品的应用领域都具有跨行业与跨部门的特点，如粉末冶金铁、铜基制品既可以广泛应用于机械制造业、汽车制造业，也可以应用于家用电器等行业。又如硬质合金，除广泛地应用于机械制造、汽车制造以及家用电器外，还更广泛地应用于地质找矿、石油钻探等工业部门。在计划经济年代，各行业各部门为了自身发展的需要纷纷创办了粉末冶金铁基制品厂、铜基制品厂、硬质合金厂等，这样便形成了全国多个行业、多个部门（如机械工业部、冶金部等）都有自己的粉末冶金企业的局面。到了 20 世纪 80 年代，为了加强学术与技术交流，又陆续成立了各种学会和协会。由于我国粉末冶金学会、协会的发展过程与中南大学粉末冶金学科的发展密不可分，特介绍如下：

4.5.1 各学会、协会的组建

1）中国机械工程学会粉末冶金分会

1962 年由机械工程学会与北京市机械工程学会组织召开的全国第一届粉末冶金学术会议上组织了粉末冶金学会筹备组，由原机械工业部的王更生局长任主任委员，黄培云、仇同等任副主任委员，李策任秘书长。

1966 年 5 月在宁波召开的全国粉末冶金学术会议上正式成立了中国机械工程学会粉末冶金分会，黄培云任副理事长，至此中国粉末冶金学界的第一个学会正式成立。粉末冶金学会的组成人员中包含了大量全国各大专院校、研究院所以及企业的粉末冶金方面的专家、学者和科研人员。

2）中国金属学会粉末冶金分会

在黄培云教授的积极组织和活动下，1981 年在北京市特殊金钢厂召开了中国金属学会粉末冶金学术委员会的成立大会。黄培云当选为中国金属学会粉末冶金学术委员会主任委员，赖和怡、李献璐当选为副主任委员，吕海波任秘书长。学术委员中除冶金部所属高等院校、研究院所和企业的粉末冶金界的专家、学者和科研人员外，还包括了其他各部委的相关学者和技术人员。

3）中国有色金属学会粉末冶金与金属陶瓷学术委员会

1985 年，冶金工业部分成了冶金部与中国有色金属工业总公司。中国有色金属总公司成立后便组建了中国有色金属学会，并成立了相关的二级分会。1985 年在烟台市召开了中国有色金属学会粉末冶金与金属陶瓷学术委员会的成立大会，黄培云当选为主任委员，吕海波当选为秘书长。中国金属学会粉末冶金学术委员会从此一分为二，而且改名为中国金属学会粉末冶金分会，由赖和怡任主任委员，李献璐任副主任委员，王恩珂任秘书长，隋玉俭任副秘书长。

从此我国形成了 3 个粉末冶金学会并存的局面，同时学会组成人员中形成了"你中有我，我中有你"相互搭配的格局。

4）中国机械通用零部件协会粉末冶金协会

由于粉末冶金零部件的生产在机械制造中具有重要地位，1988 年 10 月，原机械工业部批准成了粉末冶金专业协会，至 1989 年由民政部批准成立了中国机械通用零部件协会粉末冶金分会，并将粉末冶金专业协会并入其中。粉末冶金研究院的黄伯云和易健宏等曾任协会副理事长。

5）中国钢结构工业协会粉末冶金协会

随着我国粉末冶金铁、铜基制品产业的快速发展，对铁、铜粉末的需求日益增加，因此出现了一大批铁粉和铜粉的制造厂家。为了加强各厂家的技术交流，特别是为规划各厂家的产品开发问题，有必要成立一个专业协会以进行组织与协调。因此，1989 年组建了中国钢结构工业协会粉末冶金协会。在该协会的发展过程中，吕海波、易健宏以及刘咏等教授曾分别担任协会的副理事长。

6）中国有色加工工业协会粉末冶金分会

随着我国有色金属工业的高速发展，特别是有色金属加工材料工业的发展促使我国组建了中国有色金属加工工业协会，而在有色金属加工企业中，众多企业与粉末冶金直接相关联，因此有必要组建相关的协会。2004 年，成功组建了中国有色加工工业协会粉末冶金分会。

7）中国材料研究学会粉末冶金分会

中国材料研究学会成立后，在学术交流等方面一直十分活跃。在最近一届的理事长换届中，黄伯云院士当选为理事长。2011 年，研究院积极组织申报成立一个二级学会，2012 年 8 月经民政部批准正式成立中国材料研究学会粉末冶金分会，黄伯云任名誉主任，熊翔任主任，崔建民、曲选辉等人任副主任，刘咏任秘书长，汤慧萍等 10 人任常务委员，林晨光等 14 人为委员。

8）中国粉末冶金学会、协会联席会议

由于粉末冶金具有跨行业、跨部门的特点，特别是在计划经济年代，粉末冶金学、协会的组建必然反映出这一特征，至 1995 年我国已形成了中国机械工程学会粉末冶金分会、中国金属学会粉末冶金分会和中国有色金属学会粉末冶金与金属陶瓷学术委员会 3 个学会，中国机械零部件协会粉末冶金协会和中国钢结构协会粉末冶金协会两个协会的格局。在这些学、协会中正、副理事长、理事或委员中不少人身兼数职，每年学术活动，各学、协会都要进行组织，所以粉末冶金学界的知名人士在一年中便需要参加各学、协会组织的活动多达 5 次，而不可能每次都有新的论文可以交流，频繁的学术交流活动对于科研人员来说也难免成为负担。

1995 年，经过多方面的努力，在武汉市召开了第一届海峡两岸粉末冶金技术交流会议，会议期间提出必要成立一个全国粉末冶金界学术交流的协调机构。

1996 年在北京召开了五协、学会联席会议，此后组建了中国粉末冶金五协、学会联席会议，由黄伯云教授担任主席，吕海波教授担任秘书长。会议同时还决定每两年一届的全国粉末冶金学术会议轮流由各学、协会承办，现在又增加了中国有色加工协会粉末冶金分会和中国材料研究学会粉末冶金分会。

4.5.2　积极组织各种学术交流活动

1) 积极组织各种全国性的学术交流会议

在组建"中国粉末冶金五协、学会联席会议"之前，以中国金属学会粉末冶金学会的名义曾每年或每两年召开一次全国性的粉末冶金学术会议，先后在长沙、西安等地召开。"中国粉末冶金五协、学会联席会议"成立后，每两年由各协、学会轮流承办有关协、学会全国性的学术会议，先后在长沙、北京、张家界、广州等地召开，每次参会的代表达 200 ~ 300 人。

2) 组织协调海峡两岸的技术交流

1995 年武汉第一届海峡两岸粉末冶金技术交流会议之后，每两年分别在内地和中国台湾举行交流活动，先后在长沙、北京、广州和厦门等地举行。从 1997 年开始组团赴中国台湾参加海峡两岸粉末冶金技术交流会议。这一活动大大促进了海峡两岸粉末冶金科技同仁的相互了解，对于促进粉末冶金科学技术的发展起到了重要作用。

为了能够更好地做好海峡两岸的技术交流活动，各协、学会一致同意中南大学粉末冶金研究院作为"窗口"负责有关联系。

3) 组织亚洲粉末冶金学术会议，争办 2018 年世界粉末冶金大会

经过长时间的努力，研究院终于争取到 2013 年亚洲粉末冶金学术会议的承办权，并于 2013 年 11 月 3—6 日在厦门市召开了第二届亚洲粉末冶金学术会议，到会的外宾除亚洲各国的代表外还有美国、法国、瑞典等国家的代表 104 人，我国参加此次会议的代表多达 340 人。

在 2011 年亚洲粉末冶金首届学术会议期间，我国争取到了 2018 年举办世界粉末冶金大会的举办权。

4.5.3 积极创办粉末冶金的学术刊物

为了促进粉末冶金的学术交流，加速创办粉末冶金专业的学术刊物势在必行。在 20 世纪六七十年代很难取得正式批文的情况下，中南矿冶学院已经开始不定期出版"粉末冶金"的内部刊物，以加强单位内师生学术活动的相互交流，同时了解国内外粉末冶金的发展前沿，而其他单位也相继出版粉末冶金的相关刊物。

1)《粉末冶金技术》的创刊

1982 年 2 月，《粉末冶金技术》期刊正式创刊，刊物由中国机械工程学会粉末冶金分会和中国金属学会粉末冶金分会联合主办。1988 年起由中国机械工程学会粉末冶金分会、中国金属学会粉末冶金分会和中国有色金属学会粉末冶金与金属陶瓷学术委员会三家联合主办，挂靠于北京市粉末冶金研究所，黄培云、黄伯云、吕海波、易健宏等曾先后担任过刊物的主编、副主编等职，黄培云、吕海波、黄伯云、徐润泽、赵慕岳等曾担任期刊的编委，其中赵慕岳同志从第一届至第七届连续七届担任该刊物的编委。

《粉末冶金技术》经过 30 余年的发展积淀，现已成为中国科技论文统计来源期刊、中文核心期刊、中国科学引文数据库来源期刊、中国学术期刊综合评价数据库来源期刊、EI 源刊。

2)《粉末冶金工业》的创刊

1991 年，中国钢结构工业协会粉末冶金协会和中国机械通用零部件协会粉末冶金协会联合主办的《粉末冶金工业》正式创刊，吕海波、易健宏等曾担任该刊物的副主编，吕海波、易健宏与赵慕岳等人曾长期担任该刊物的编委。

3)《粉末冶金材料科学与工程》的创刊

由中南大学主办，粉末冶金国家重点实验室与粉末冶金国家工程研究中心联合承办的《粉末冶金材料科学与工程》于 1996 年正式创刊，至 2009 年 1 月，该刊成为了 EI 源期刊，刊物由黄伯云院士担任主编，金展鹏、葛昌纯、李元元和周少雄等人担任副主编。

4)海峡两岸粉末冶金期刊交流协议的签订

为进一步促进海峡两岸粉末冶金的技术交流，在 2005 年海峡两岸技术交流期间，经过海峡两岸各协、学会协商后签订了互赠期刊的协议。从 2006 年开始，内地的《粉末冶金技术》《粉末冶金工业》《粉末冶金材料科学与工程》3 种期刊每期共计 20 本送往台湾。同样，中国台湾的《粉末冶金会刊》每期共计 20 本送往大陆以便进行更多的学术交流活动。至此，海峡两岸粉末冶金的科研人员除了每两年一次的学术交流活动外，又增添了学术期刊的互赠交流。

4.6 学术成果

4.6.1 科研获奖一览表

表 4 - 3 科研获奖一览表

序号	项目名称	时间	主要完成人员	授奖部门	获奖等级
1	高磷镍铁处理研究	1978	黄培云　黄焯枢	国家科委	全国科学大会奖
2	高比重合金的研究	1978	林　炳　黄建忠 赵慕岳　王伏生 梁容海	国家科委	全国科学大会奖
3	碳化硼烧结块的研究与试制	1978	王零森　方寅初 吕海波	国家科委	全国科学大会奖
4	优质碳化硼（B4C）粉末试制与生产	1978	祝和斌　王零森 吕海波	国家科委	全国科学大会奖
5	弥散强化无氧铜材料的研究	1978	梁志君等 13 人	国家科委	全国科学大会奖
6	预合金钢粉末热锻、高强度铁基零件的研制及中间试验	1978	王祥等 7 人	国家科委	全国科学大会奖
7	YT 系列硬质合金的研制	1978	谭映国等 5 人	冶金部	科学大会奖
8	高磷镍铁处理研究	1978	黄培云　黄焯枢	冶金部	科学大会奖
9	高比重合金的研究	1978	林　炳　黄建忠 赵慕岳　王伏生 梁容海	冶金部	科学大会奖
10	碳化硼烧结块的研究与试制	1978	王零森　方寅初 吕海波	冶金部	科学大会奖
11	优质碳化硼（B4C）粉末试制与生产	1978	祝和斌　王零森 吕海波	冶金部	科学大会奖
12	弥散强化无氧铜材料的研究	1978	梁志君等 13 人	冶金部	科学大会奖
13	预合金钢粉末热锻、高强度铁基零件的研制及中间试验	1978	王祥等 7 人	冶金部	科学大会奖

续上表

序号	项目名称	时间	主要完成人员	授奖部门	获奖等级
14	YT系列硬质合金的研制	1978	谭映国等5人	湖南省科技厅	湖南科学大会奖
15	高磷镍铁处理研究	1978	黄培云　黄焯枢	湖南省科技厅	湖南科学大会奖
16	高比重合金的研究	1978	林　炳　黄建忠 赵慕岳　王伏生 梁容海	湖南省科技厅	湖南科学大会奖
17	碳化硼烧结块的研究与试制	1978	王零森　方寅初 吕海波	湖南省科技厅	湖南科学大会奖
18	优质碳化硼(B4C)粉末试制与生产	1978	祝和斌　王零森 吕海波	湖南省科技厅	湖南科学大会奖
19	弥散强化无氧铜材料的研究	1978	梁志君等13人	湖南省科技厅	全国科学大会奖
20	预合金钢粉末热锻、高强度铁基零件的研制及中间试验	1978	王祥等7人	湖南省科技厅	二等奖
21	YT系列硬质合金的研制	1978	谭映国等5人	湖南省科技厅	科学大会奖
22	预合金铜粉末热锻、高强度铁基零件研制	1978	粉冶教研室	国家、冶金部、湖南省	科学大会奖
23	1000V/20000A大电流触头材料研制	1978	粉冶教研室	冶金部、湖南省	科学大会奖
24	100V、125V电容器用钽粉	1978	粉冶教研室	国家、冶金部、湖南省	科学大会奖
25	烧结硬质合金的温度程序控制炭布真空炉	1978	粉末冶金厂	湖南省科技厅	科学大会奖
26	新牌号YJ1粗晶粒硬质合金工艺	1978	粉末冶金厂	湖南省科技厅	科学大会奖
27	用粉末冶金工艺生产飞机刹车片	1979	粉末冶金研究所	冶金部	科学大会奖
28	高压水雾化低合金钢粉和粉末热锻齿轮中间试验	1980	曹湘斋　林　炳	湖南省科技厅	二等奖
29	钐钴磁吸器	1980	黄建忠　付应生	湖南省科技厅	四等奖

续上表

序号	项目名称	时间	主要完成人员		授奖部门	获奖等级
30	钨－银－铜－镍内氧化粉末冶金触头合金研究	1980	林　炳	刘海珊	湖南省科技厅	四等奖
31	VM 型氦气制冷机热腔导向环用高温减摩材料	1980	黄国伟　张金生徐叶珍　曹其光		有色总公司	四等奖
32	××难熔金属喷管	1981	刘华俏　王零森李溪滨		国防科工委	三等奖
33	碳化硼气浮轴承材料	1981	黄汉泉	肖开华	冶金工业部	三等奖
34	φ58 mm 十字形钻头	1982	粉冶所　矿山系材料系		有色总公司	四等奖
35	高温高真空全方位自由润滑轴承镍合金基保持架	1982	李溪滨　苏春明谭林英　吕海波方寅初　张金生		有色总公司	二等奖
36	DX－1 型粉末冶金微孔板	1983	贺奉嘉	李会生	湖南省科技厅	四等奖
37	粉末冶金钛空气花管的研制	1983	姜运银　肖开君彭厚斌		湖南省科技厅	四等奖
38	粉末冶金烧结 Al、Ni、Co_5 类磁钢	1983	林彩东　曾庆龄安卫华　谢任喜		有色总公司	四等奖
39	FC－2 铁基粉末冶金材料刹车静片	1984	廖鹏飞　谭明福王汉和　李代文简金香　张庆生		有色总公司	二等奖
40	水声设备用金属磁粉芯的研究	1984	李景顺　邓宏才徐振民　蔡寅生		有色总公司	四等奖
41	粉末冶金空心钨接点研究	1984	马康竹　邱家禄殷京良		有色总公司	四等奖
42	碳化硼烧结块的研究与推广应用	1984	王零森　方寅初史继良　吕海波祝和斌		有色总公司	四等奖
43	××高比重合金的研究与推广应用	1984	黄建忠　赵慕岳王伏生　吕海波		有色总公司	四等奖

续上表

序号	项目名称	时间	主要完成人员	授奖部门	获奖等级
44	××型钨基合金及钨球表面碳化处理研究	1984	王伏生　赵慕岳　梁容海　陈乾坤　周载明	有色总公司	四等奖
45	自适应发汗钼鼻锥外壳材料的研制	1984	黄栋生　黄源振　吴义成　周多山　黄金林	有色总公司	四等奖
46	高压水雾化低合金钢粉	1984	曹湘斋	湖南省科技厅	三等奖
47	钨基合金及表面硬化处理的研究	1985	王伏生　黄建忠　赵慕岳　梁容海　吕海波	国家科委	三等奖
48	三叉戟飞机铁基粉末冶金材料刹车静片的研制	1985	廖鹏飞　谭明福　贺奉嘉　黄汉和	国家科委	三等奖
49	复杂应力状态下良好塑性弥散强化无氧铜材料和应用研究	1985	张吟秋　雷长明　李美英	有色总公司	三等奖
50	××分离膜制造技术	1985	粉末冶金研究所	国家科委	技术发明一等奖
51	××反坦克导弹整体钼喷管研制	1986	刘华伷　王零森　李溪滨　邹志强	国防工办	三等奖
52	粉末压制理论	1986	黄培云　吕海波　曾德麟　陈振华	国家教委	一等奖
53	仲钨酸铵制蓝钨、钨粉的研究	1986	邹志强　吕海波　钱崇梁　张瑞福	有色总公司	一等奖
54	仲钨酸铵制蓝钨、钨粉的研究	1986	邹志强　吕海波　钱崇梁　张瑞福	国家科委	一等奖
55	高均匀度高致密度碳化硼气体动压轴承材料	1986	王零森　周荣兴　蒋辉珍　吕海波　杨菊美	有色总公司	三等奖
56	高均匀度比重合金的研究	1986	王伏生　梁容海　周载明　赵慕岳　吕海波	有色总公司	三等奖

续上表

序号	项目名称	时间	主要完成人员	授奖部门	获奖等级
57	用机械合金化工艺制造弥散强化铝合金	1986	邱光汉　黄泽培　阮建民　孙有章　高秀娟	有色总公司	四等奖
58	中等功率发动机用粉末冶金连杆轴瓦材料	1986	吕海波　温世达　赵来顺　梁容海　赵云楼	有色总公司	三等奖
59	粉末冶金整体钼喷管的研制	1986	张兆森　陈昌誉　张静宜　邹志强　刘华俌	有色总公司	四等奖
60	粉末压制理论	1986	黄培云　吕海波　曾德麟　陈振华	湖南省科技厅	1986 年十大科技成果之一
61	仲钨酸铵制蓝钨、钨粉的研究	1987	邹志强　吕海波　钱崇梁　张瑞福	国家科委	一等奖
62	均匀磁场烧结硬质合金技术	1987	张达明　周洛三　谭映国	有色总公司	二等奖
63	硬质合金力学性能研究（375B03）	1987	徐润泽（4）	有色总公司	三等奖
64	耐蚀耐磨碳化硼轴的研制（8730106）	1987	周荣兴　邓克勤　杨菊美　李洪湘	有色总公司	四等奖
65	彩电生产装配线中新型电碳材料的研究	1987	李溪滨　苏春明　李美英	有色总公司	四等奖
66	金属粉末－有效密度的测定－液体浸透法	1987	张瑞福　陈淑芳	有色总公司	四等奖
67	微机在热扩散测量中的应用	1987	薛　健　陈移风	湖南省科技厅	三等奖
68	AG$_2$ 氧化铝复合陶瓷刀片	1987	黄汉泉　肖开华　何国安　邓克勤　李洪湘	湖南省科技厅	三等奖
69	铈钴铜铁永磁合金的研制与推广运用	1987	曾庆灵　刘瑞芝　付应生　蒋辉珍　谢伍喜	湖南省科技厅	三等奖

续上表

序号	项目名称	时间	主要完成人员	授奖部门	获奖等级
70	钼丝炉温度微计算机群控制系统的研制	1987	刘为柱　韩　斌　张贤京	湖南省科技厅	三等奖
71	面条连续烘房温度和湿度自动控制系统	1987	贺先觉　刘元扬　钟以兹　牛焱松	湖南省科技厅	四等奖
72	粉末冶金钨接点	1988	马康竹　邱家禄　殷京良　吕海波	国家发明奖	三等奖
73	牙科用球型银汞合金的研制	1988	粉末冶金研究所	国防科工委	二等奖
74	CLW－1高含铅标准轴瓦材料和轴瓦的研制	1988	温世达　赵来顺　梁容海　赵云楼　吕海波	有色总公司	二等奖
75	××型多用直升机旋翼刹车材料的研制	1988	谭明福　黄尚文　刘先交　付兴龙	有色总公司	三等奖
76	B/FL413E系列风冷柴油发动机风扇B50轴套研究	1988	贺奉嘉　张　进　吴桂泉　李会生	有色总公司	四等奖
77	银基电工合金即电触头材料的研究	1988	林炳等	湖南省科技厅	二等奖
78	计算机用硬质合金高速打印针研制	1990	邹志强　吴恩熙　张玉华	有色总公司	三等奖
79	粉末压制理论	1990	黄培云　吕海波　曾德麟　陈振华　贺安安	国家科委	四等奖
80	钨－铜－银－镍粉末冶金触头	1990	林　炳　刘海珊	国家科委	四等奖
81	空气透过法及其测试仪	1990	张瑞福	国家科委	四等奖
82	无划伤长寿命无心磨夹具支点材料	1990	张金生　方寅初　曹其光　曹长朝　左建华	有色总公司	三等奖

续上表

序号	项目名称	时间	主要完成人员	授奖部门	获奖等级
83	硬质合金打印针的研制	1990	吴恩熙　张玉华　邹志强　彭再英　张慧珍	有色总公司	三等奖
84	航空发动机测震传感器自润滑支撑环研究	1990	李溪滨　苏春明　谭林英　李美英	有色总公司	三等奖
85	三叉戟－3B型飞机刹车片FC－3材料的研制	1990	廖鹏飞　吕进元　史继良　方寅初　颜月娥　胡荫森	有色总公司	三等奖
86	精密机床用轴承合金的研究	1990	吴训珍　谢裕厚　李会生　曾青　吕海波	有色总公司	三等奖
87	添加剂对黏结相润湿WC相性能的影响研究	1990	王容华　黎茂梁　李晋尧	有色总公司	三等奖
88	快速凝固粉末及其材料的制备原理和技术的研究	1990	陈振华　吕海波　王云　黄培云　周多三　蒋向阳　魏诗远　李洪湘	国家教委	二等奖
89	国家标准金属及其化合物粉末比表面积粒度测定空气透气法	1991	张瑞福　李永胜	有色总公司	二等奖
90	无机相图测定及计算的若干研究	1991	金展鹏　黄培云　赵继成　杜勇　夏长清	国家科委	三等级
91	固体火箭推进器用微细铝粉	1991	陈振华　吕海波　王云　黄培云　周多三　蒋辉珍　魏诗远	有色总公司	二等奖
92	××军用型飞机用金属陶瓷轴(衬)套研究	1991	李溪滨　苏春明　谭林英　李美英	有色总公司	三等奖

续上表

序号	项目名称	时间	主要完成人员	授奖部门	获奖等级
93	图-154M 飞机刹车副的研制	1992	刘华佾 谭明福 王建业 吕海波 史继良 袁国洲 方寅初 樊毅 刘先交 吕进元 张保军 蒋辉珍 李会生 颜月娥 胡荫森	有色总公司	一等奖
94	硬质合金用生产线用辅助材料的消化吸收	1992		有色总公司	三等奖
95	高精度陀螺马达用膨胀系数高均匀度高比重合金	1993	王伏生 周载明 陈昌誉 梁容海 蒋向阳 赵慕岳 吕海波	有色总公司	二等奖
96	高精度陀螺马达用微晶碳化硼的研究	1993	王零森 周荣兴 邓克勤 杨菊美 吕海波 李晋尧	有色总公司	二等奖
97	生物陶瓷材料及临床应用研究	1994	黄伯云 阮建明 温金海 林炳 周桂芝	有色总公司	二等奖
98	$B_4C - Al_2O_3$ 弥散体芯块研制	1994	黄栋生 吴义成 吕海波 黄源振 周多三 黄金林 曾青 李世伟	有色总公司	二等奖
99	新型钨合金砧块系列产品研究	1994	王伏生 赵慕岳 梁容海 周载明 陈乾坤	有色总公司	三等奖
100	TiAl 金属间化合物的脆性机理和增塑的研究	1994	黄伯云 曲选辉 雷长明 贺跃辉 陈仕奇 温金海 熊翔 孔高宁 张兵 陈进 刘志坚	国家教委	二等奖

续上表

序号	项目名称	时间	主要完成人员		授奖部门	获奖等级
101	多层印制直流微电机高性能电刷材料的研究	1994	李溪滨 谭林英	苏春明	有色总公司	四等奖
102	碳化硼气浮轴承及碳化硼材料的应用研究	1995	王零森 方寅初 蒋辉珍	周荣兴 邓克勤	国家科委	三等奖
103	低松比雾化铜粉的研制	1995	黄伯云 雷长明 温金海 曹 鹏	曲选辉 陈仕奇 刘志坚	有色总公司	二等奖
104	粉末冶金钨基合金的推广应用	1995	梁容海 王伏生 陈乾坤 易富德	周载明 李移贵 殷京良	国家教委	三等奖
105	高温饱和蒸汽固体自润滑材料研究	1995	李溪滨 谭林英	苏春明 李美英	有色总公司	三等奖
106	真空－气压烧结炉的研制	1995	刘为柱		有色总公司	三等奖
107	高精度陀螺用大膨胀系数、高均匀度钨合金研究与推广应用	1996	梁容海 王伏生 陈乾坤 陈昌荃	周载明 赵慕岳 吕海波	国家科委	三等奖
108	钨基高比重合金的推广应用	1995	王伏生 周载明	梁容海 赵慕岳	国家教委	三等奖
109	××用高性能钨基合金	1996	黄建忠 张贤其 周保辉	黄 宁 李晋尧	国家科委	三等奖
110	图－154M 飞机国产粉末冶金刹车副（盘）推广应用	1996	黄伯云 史继良 王建业 袁国洲 刘先交 蒋辉珍 谭爱来 周 荣	刘华侰 谭明福 吕海波 方寅初 颜月娥 陈昌誉 胡生玉	国家教委	二等奖

续上表

序号	项目名称	时间	主要完成人员		授奖部门	获奖等级
111	耐热粉末铝合金的研制	1996	陈振华　黎文献 蒋向阳　李松瑞 杨伏良　周多三		有色总公司	三等奖
112	粉末冶金铝基自润滑轴承材料	1997	樊　毅　张金生 高　游　王零森 蒋辉珍		有色总公司	三等奖
113	航空仪表轴尖用高性能钴－钨合金丝的研制	1997	吴恩熙　钱崇良 邹志强　黄伯云 王喜才		有色总公司	三等奖
114	卫星用导电环固体自润滑电刷材料研究	1997	谢裕厚　谭明福 刘先交　黄尚文 曾　青　史继良		有色总公司	三等奖
115	C－B_4C－SiC 复合材料研究	1997	黄启忠　黄伯云 肖汉宁　杨巧勤 吴力军		有色总公司	三等奖
116	车辆发动机涡轮增压器 K 系列止推轴承研究	1997	苏春明　李溪滨 王建业　李美英 程时和		湖南省政府	二等奖
117	TiAl 基合金工程材料强韧化新工艺技术研究	1997	贺跃辉　曲选辉 黄伯云　周科朝 陈小群　刘志坚 雷长明　刘文胜 欧文沛		湖南省教委	一等奖
118	高性能粉末冶金飞机刹车材料制造	1997	熊　翔　黄伯云 王建业　张振国 白燕麟		国家科委	技术发明奖二等奖
119	××飞机国产刹车盘	1997	熊　翔　黄伯云 王建业　白燕麟 史继良　颜月娥 吕海波　刘华俏 刘　强　汪　琳		有色总公司	一等奖
120	快速凝固制备微细金属粉末的技术和装置	1997	陈振华　黄培云 周多三　王　云 蒋向阳		国家科委	二等奖

续上表

序号	项目名称	时间	主要完成人员	授奖部门	获奖等级
121	坚持教学、科研、生产相结合，促进粉末冶金学科的发展	1997	黄伯云　黄培云 姚德超　李溪滨 黄和平	湖南省教委	教学成果一等奖
122	坚持教学、科研、生产相结合，促进粉末冶金学科的发展	1997	黄伯云　黄培云 姚德超　李溪滨 黄和平	教育部	教学成果二等奖
123	图－154M 飞机国产粉末冶金刹车副（盘）研究与开发	1998	黄伯云　刘华佾 史继良　谭明福 王建业	科技部	科技进步三等奖
124	特种车辆涡轮增压器自润滑止推轴承研究	1998	李溪滨　苏春明 王建业　李美英 谭林英	国家有色局	一等奖
125	集束箭弹小箭的金属注射成形技术	1998	曲选辉　李益民 黄伯云　邱光汉 曾舟山	国家有色局	二等奖
126	东风 EQ1061 3 t 轻型货车鼓式无石棉刹车片研制	1998	李度成　苏　堤 蒋辉珍　熊春林 彭厚斌	国家有色局	三等奖
127	准高速电力机车粉末冶金制动闸瓦研制	1998	熊　翔　黄泽培 黄伯云　刘　强 白燕麟	国家有色局	三等奖
128	硬质合金切纸轮外圈	1998	吴恩熙　钱崇良 曾　青　赵慕岳 于立根	国家有色局	三等奖
129	添加剂对碳/陶复合材料界面结构及性能的影响	1998	黄启忠　谭　平 黄伯云	教育部	三等奖
130	TiAl 基合金工程材料强韧性化新工艺技术研究	1998	贺跃辉　曲选辉 黄伯云　周科朝 陈小群　刘志坚 雷长明	湖南省政府	二等奖

续上表

序号	项目名称	时间	主要完成人员	授奖部门	获奖等级
131	多层喷射沉积制备高性能材料的技术和过程原理的研究	1999	陈振华 黄培云 杨伏良 严红革 康智涛 袁武华 张 豪	教育部	三等奖
132	热电池阳极材料锂硼合金带的研制	1999	曲选辉 刘志坚 李志友 黄伯云 雷长明	国家有色局	二等奖
133	低松比雾化铜粉及其生产技术的推广应用	1999	雷长明 陈仕奇 曲选辉 黄伯云 李志友 刘志坚	教育部	三等奖
134	粉末触媒合成金刚石技术及其作用机制研究	1999	易健宏 吕海波 马福康	国家有色局	三等奖
135	桑塔纳轿车无石棉盘式刹车片的研制	1999	苏 堤 刘震云 李度成 蒋辉珍 黄伯云	国家有色局	三等奖
136	夏利轿车无石棉盘式刹车片的研制	1999	苏 堤 李度成 蒋辉珍 史文芳 赵慕岳	国家有色局	三等奖
137	高性能 γ – TiAl 合金的研究	1999	黄伯云 周科朝 曲选辉 贺跃辉 刘咏	国家有色局	一等奖
138	夏利轿车无石棉盘式刹车片的研制	2000	苏 堤 李度成 蒋辉珍 史文芳 赵慕岳	教育部	三等奖
139	金属粉末注射成形理论与应用	2001	黄伯云 李益民 梁叔权 曲选辉 范景莲 李松林	中国有色金属工业协会 中国有色金属学会	一等奖
140	轿车用高性能水雾化粉末材料的规模化生产	2001	崔建民 葛立强 曾德麟 刘世民 周喜生	山东省政府	一等奖

续上表

序号	项目名称	时间	主要完成人员	授奖部门	获奖等级
141	不锈钢医疗器械异形件的注射成形技术	2002	李益民　黄伯云 李松林　李笃信	湖南省政府	二等奖
142	中、高密度铁基粉末冶金零件的温压成形技术研究	2002	易健宏　曹顺华	湖南省政府	三等奖
143	铁基、钨基复杂精细零部件注射成形技术	2003	黄伯云　李益民 梁淑全　曲选辉 范景莲　李松林	国务院	科技进步二等奖
144	轿车用高性能水雾化粉末材料的规模化生产技术	2003	曾德麟	国务院	二等奖
145	金属粉末近净成形流变、塑变理论与应用	2003	梁淑全　刘　咏 黄伯云　李松林 范景莲　刘宝举	国务院	二等奖
146	高性能/炭航空制动材料的制备技术	2004	黄伯云　熊　翔 易茂中　黄启忠 张红波　邹志强	国务院	技术发明一等奖
147	波音 757 飞机炭/炭航空刹车材料的研究与开发	2004	黄伯云　熊　翔 易茂中　黄启忠 张红波　邹志强 蒋建纯　浦继强 浦保健　刘根山 徐惠娟　赵越让	湖南省政府	一等奖
148	镍氢动力电池贮氢合金生产关键技术及产业化	2004	唐有根　黄伯云 黄可龙　蒋金芝 刘开宇　桑商斌 杨幼萍　钱　东 王　勇　申建斌 卢周广　谭飞鹏 杨国利　梁居宁	教育部	二等奖
149	特种车辆发动机涡轮增压器自润滑浮动轴承的研究	2004	李溪滨　刘如铁 王小乐　程时和 朱爱国　熊拥军 赵福安　廖寄乔 李美英　朱玉侠	中国有色金属工业协会	二等奖

续上表

序号	项目名称	时间	主要完成人员	授奖部门	获奖等级
150	材料科学与工程人才培养体系的综合改革与实践	2004	黄伯云　易丹青　汪明朴　苏玉长　肖来荣	湖南省教育厅	教学成果一等奖
151	镍氢动力电池合金	2005	唐有根　黄伯云　黄可龙　蒋金芝	湖南省政府	三等奖
152	材料科学与工程人才培养体系的综合改革与实践	2005	黄伯云　易丹青　汪明朴　苏玉长　肖来荣	教育部	国家级教学成果二等奖
153	高精度复杂形状轻武器合金钢零件的注射成形	2005	李益民　黄伯云　李笃信　邓忠勇　唐嵘　李松林　蒋辉珍	湖南省政府	三等奖
154	坦克涡轮增压器及汽车空调压缩机叶轮用铝基材料	2005	陈康华　刘红卫　黄兰萍	中国有色金属工业协会	三等奖
155	高功率动力型贮氢合金生产技术	2005	唐有根　黄伯云　黄可龙　蒋金芝　刘开宇　桑商斌　杨幼萍　钱东	中国有色金属工业协会	三等奖
156	铝资源高效利用与性能铝材料制备的理论与技术	2007	陈康华(5)	国务院	科技进步一等奖
157	自催化化学制备技术及应用	2008	胡文彬　刘磊　沈彬　仵雅婷　甘雪萍	教育部	一等奖
158	民口配套特殊工程用高性能新型钨合金系列产品研究	2009	范景莲　成会朝　刘涛等	中国有色金属工业协会	二等奖
159	化学镀镍动态控制技术与应用	2009	胡文彬　刘磊　沈彬　仵雅婷　甘雪萍	国务院	二等奖
160	多组元铝合金相图热力学及原子移动性的理论及应用	2010	杜勇　徐洪辉　张利军　刘树红　黄伯云	湖南省政府	一等奖

续上表

序号	项目名称	时间	主要完成人员	授奖部门	获奖等级
161	高性能钨基复合材料制备技术与应用	2010	范景莲　成会朝　刘　涛	中国有色金属工业协会、中国有色金属学会	一等奖
162	高效毁伤细晶高密度穿、破甲材料及其制备技术	2010	范景莲　刘　涛　成会朝	教育部	二等奖
163	难冶钨资源深度开发应用关键技术	2011	赵中伟　刘　咏　贺跃辉　周建华　张立等	国务院	科技进步一等奖
164	车辆轻量化关键技术国际合作研究与产业化	2011	肖　鹏　李　专	湖南省政府	金奖
165	机械易损部件新型涂层技术及其应用	2011	闵小兵　熊　翔　肖庆麟	湖南省政府	二等奖
166	高耐磨高能制动粉末冶金摩擦材料研制及产业化	2012	姚萍屏　熊　翔　易茂中　黄伯云　汪　琳　白燕麟　冯志荣	湖南省政府	一等奖

4.6.2　专利技术成果一览表

表 4 - 4　专利技术成果一览表

序号	发明名称	专利号	申请日期	发明人	授权日
1	卧式连续热压机	85202265.4	1985.06.11	黄汉泉　肖开华	1986.11.06
2	热压圆环模具	86210838.1	1986.12.27	黄汉泉　肖开华	1988.04.03
3	空气透过测试法及其测试仪	85103520.5	1985.04.30	张瑞福	1988.10.06
4	钨合金制造方法	85100342.7	1985.04.01	马康竹　邱家禄　殷京良　吕海波	1989.05.03
5	卧式连续热压机	85104583.9	1985.06.11	黄汉泉　肖开华	1990.01.24

续上表

序号	发明名称	专利号	申请日期	发明人	授权日
6	液氮温区的超导磁屏蔽筒及其制造方法	88105651.0	1988.01.01	林彩东　曾庆灵 刘瑞芝　付应生 李传义　谢伍喜	1991.05.08
7	活塞式加压烧结炉	91229613.5	1991.11.27	刘　兵　方寅初 柯兆岭　史继良	1992.09.23
8	超细超导粉末的生产	88105686.3	1988.03.17	谭爱纯	1992.12.23
9	制造微细金属的方法和装置	90106130.1	1990.12.05	陈振华　周多三 王　云　吕海波 黄培云　李洪湘 魏诗远　蒋向阳	1993.07.03
10	钨-铜-镍-银粉末冶金触头合金	90106491.2	1990.12.28	林　炳　刘海珊	1993.08.29
11	一种制取难熔金属硼化粉末的方法	91106779.5	1991.08.19	黄源振　邱光汉 黄泽培	1994.02.13
12	制造微细金属粉末的方法及装置	91106862.7	1991.11.30	陈振华　周多三 蒋向阳　王　云 黄培云　李洪湘 魏诗远	1994.07.19
13	一种数字式热偶真空计	93235326.6	1993.12.28	刘为柱　韩　斌	1994.08.17
14	双极电弧熔炼二次雾化装置	92107174.4	1992.10.27	黄伯云　曲选辉 班耀恒　熊　翔 陈仕奇　雷长明 杨伏良　吕海波	1995.03.03
15	热整形烧结模具	96242579.6	1996.12.09	钱崇梁	1997.12.12
16	粉末冶金材料与制品的封装烧结方法	97108301.0	1997.11.10	陈康华　刘红卫 包崇玺	1997.12.12
17	粉末冶金技术制取增压器止推轴承	92111701.9	1992.10.31	李溪滨　谭林英 王建业　苏春明 李美英　杨纪云	1998.07.30
18	用稻谷壳制取石墨碳化硅涂层及碳硅化合物	92111736.1	1992.11.27	徐振民	1999.02.20

续上表

序号	发明名称	专利号	申请日期	发明人		授权日
19	粉末冶金飞机刹车副材料及其制备方法	ZL96119305.0		熊　翔　王建业	黄伯云　吕海波	1999.07.07
20	电热镦粗砧块的制备方法	ZL93.111681.3		王伏生　梁容海	赵慕岳　周载民	1999.10.23
21	活性复合生物陶瓷材料的制备方法	ZL91 106753.1		黄伯云	阮建明	1999.11.27
22	一种制备集束箭弹小箭的方法	98109914.9	1998.01.26	曲选辉　邱光汉　林好转　黄伯云	李益民　曾舟山　钟孝贤	2000.08.01
23	制备热电池阳极材料锂硼合金带的方法	99115334.0	1999.04.16	曲选辉　李志友　雷长明　段　伟　章四琪	刘志坚　黄伯云　陈仕奇　曹　健	2000.08.06
24	生物活性多孔陶瓷材料制备方法	ZL91 106753.1		阮建明　温金海	黄伯云　林　炳	2000.01.22
25	活性氟磷石灰生物陶瓷及制备方法	ZL92.111765.5		温金海　林　炳	黄伯云　周桂芝	2000.09.30
26	铝浴自蔓延反应法	98112425.9	1998.04.09	陈康华　王一平	刘红卫	2001.10.24
27	一种制备集束箭弹小箭的方法	ZL98109913.0		曲选辉　李益民	黄伯云　邱光汉	2001.08.01
28	用于盘形多孔性工件增密的化学气相沉积的方法	00114790.0	2000.07.18	邹志强　汤中华	熊　杰　黄伯云	2002.02.07
29	用粉末冶金技术制备细晶高性能高比重合金	01101064.9	2001.06.26	范景莲　曲选辉　王伏生　刘少军　姚萍屏	黄伯云　赵慕岳　李移贵　梁叔全	2002.04.02

续上表

序号	发明名称	专利号	申请日期	发明人	授权日
30	无变形高性能薄壁大钨环散弹的制备工艺	01101065.7	2001.06.26	范景莲　黄伯云 曲选辉　雷长明 王伏生　赵慕岳 李笃信	2002.04.26
31	从转炉污泥制备粉末冶金用铁粉的方法	99115277.8	1999.03.08	曹顺华　曲选辉 方民宏　姚德超 廖荣华　刘若鸣	2002.07.11
32	制造自润滑浮动轴承的方法	00106634.X	2000.04.09	李溪滨　刘如铁 程时和　杜克家 王小乐	2002.09.18
33	用于炭材料连接的粘接剂	00113381.0	2000.04.21	刘　槟　蒋建纯 刘根山　熊　翔 黄伯云　易茂中	2002.09.18
34	钛铝基合金气门的制备方法	99115238.7		贺跃辉　刘　咏 黄伯云	2002.11.20
35	铝镁合金的固溶或均匀化热处理	00113246.6	2000.01.27	陈康华　刘红卫 曾苏民　刘允中 钟　掘	2003.05.07
36	镍银合金及其制备方法	00103911.3	2000.02.09	中南工业大学	2003.05.28
37	氧化铟/氧化锡溅射靶材及其制造方法	97108322.3	1997.11.27	张树高　黄伯云 吴义成　方勋华 黄栋生　陈明飞 张　波　李世伟	2003.09.10
38	化学气相沉积炉引气装置	01142720.5	2001.12.25	蒋建纯　熊　翔 刘根山　张红波 易茂中　黄启忠 周九宁　周仲莲 黄伯云	2004.01.08
39	一种化学气相沉积炉的中频感应器	01130292.5	2001.12.25	蒋建纯　周九宁 马殿军　王保东 易茂中　黄启忠 熊　翔　黄伯云	2004.02.19

续上表

序号	发明名称	专利号	申请日期	发明人		授权日
40	温压铁粉的制造方法	01106813.2	2001.01.04	曹顺华　方宪民 易健宏　曲选辉		2004.03.27
41	一种温压粉末原料的制备装置	01106814.0	2001.01.04	曹顺华　张兆生 刘　伟　易健宏 蒋辉珍		2004.03.27
42	一种软磁体纳米晶的合成方法	02114000.6	2002.03.18	阮建明　邹俭鹏 黄伯云		2004.09.09
43	制造带内螺旋冷却液孔棒材的装置	02119633.08	2002.05.16	吴恩熙　钱崇梁 黄伯云　曾　青 张兆森　李吉成 李　飚		2004.09.09
44	浸渍料工频感应加热装置	0201008.0	2002.01.17	周九宁　蒋建纯 黄启忠　张红波 熊　翔　易茂中 刘根山　吴志清 李新春　巩前明 黄伯云		2004.09.09
45	真空中频感应化学气相沉积炉测温测压装置	02101006.4	2002.01.17	蒋建纯　刘根山 赵南山　易茂中 黄启忠　周九宁 熊　翔　黄伯云		2004.09.09
46	电磁感应加热装置	02101009.9	2002.01.17	蒋建纯　周九宁 熊文辉　浦保健 吴志清　张红波 刘根山　徐惠娟 熊　翔　易茂中 黄启忠　黄伯云		2004.09.09
47	多孔制品加压浸渍装置	02101007.9	2002.01.17	蒋建纯　张红波 黄启忠　刘根山 易茂中　李新春 周九宁　熊　翔		2004.09.09
48	飞机炭刹车盘抗氧化复合涂层及其制备方法	02119634.6	2002.05.16	易茂中　葛毅成 蒋建纯　黄启忠 熊　翔　黄伯云		2005.01.26

续上表

序号	发明名称	专利号	申请日期	发明人		授权日
49	多孔坯体化学气相渗用的设备与工艺		2002.07.08	蒋建纯 谢良泉 浦保健 熊 翔	周九宁 徐庚荣 张红波 黄伯云	2005.01.26
50	热梯度法制备多孔坯体材料的方法与设备		2002.07.08	蒋建纯 谢良泉 浦保健 熊 翔	周九宁 徐庚荣 张红波 黄伯云	2005.01.26
51	控制手柄	2000225930.3	2000.11.09	何清华 王恒生	邓伯禄	2005.05.18
52	一种生物陶瓷涂层材料的制备方法	2002139649.3	2002.09.28	刘 咏 刘 芳	周科朝	2005.05.18
53	高温稀土永磁材料及其制备方法	2002147676.4	2002.10.29	易健宏 李丽娅 付应生	彭元东 曾庆灵	2005.05.18
54	合成纳米晶钨钴硬质合金复合粉末的方法	2003105528.1	2003.03.12	曹顺华 李炯义	高海燕 林信平	2005.07.13
55	高弥散钨铜复合粉末制备方法	2003118176.7	2003.04.22	李云平 雷长明	曲选辉 郑洲顺	2005.07.13
56	真空脱脂烧结一体炉	2003202704.4	2003.01.25	邓忠勇 唐 嵘 李松林	李益民 李笃信 黄伯云	2005.07.13
57	用于制备块体纳米晶材料的模具	200420068064	2004.07.06	刘 咏 蒋炳炎	刘祖铭 郭 晟	2005.11.02
58	旋挖钻机钻尾举升装置	200420113736	2004.01.01	何清华 冯跃飞	朱建新	2006.02.15
59	一种用于温压的模壁润滑模具	2003124576.5	2003.06.25	曹顺华 邵 兵 肖志瑜	李元元 果世驹	2006.04.26
60	用溶胶－喷雾干燥－热还原制备纳米级钨基复合	2003143136.5	2003.06.12	范景莲 黄伯云 陈仲伯	马运柱 汪登龙 吴恩熙	2006.05.31

续上表

序号	发明名称	专利号	申请日期	发明人	授权日
61	碳化钒粉末的制备方法	200310101104	2003.10.25	吴恩熙　颜练武　钱崇良	2006.08.16
62	细晶钨铜复合材料的制备方法	2003143145.3	2003.06.12	范景莲　黄伯云　张兆森　马运柱　汪登龙　吴恩熙	2006.09.13
63	制动摩擦副摩擦磨损性能检测装置	200520052051	2005.09.30	姚萍屏　袁国洲　张兆森　汪　琳　彭剑昕	2006.10.04
64	真空低温摩擦材料摩擦性能检测装置	200520053050	2005.09.30	彭剑昕　张兆森　姚萍屏　袁国洲　汪　琳　谢剑峰	2006.11.08
65	一种铝电解用惰性电极	200310110497	2003.11.04	周科朝　李志友　张　雷　张晓勇　李吉力	2007.01.17
66	电力机车用电触头材料及制备方法	200310120825	2003.12.30	谢健全　阮建明	2007.01.17
67	高效能自剥落高温防氧化/脱碳层材料	200310110687	2003.12.22	贺跃辉　任　斌　汤义武　陈立宝　李　智　刘峰晓　林小芹	2007.01.17
68	用于炭/炭复合材料抗氧化涂层及制备方法	200310116695	2003.11.27	葛毅成　易茂中　黄伯云	2007.01.17
69	高频低导磁系数低损耗粉芯及制备方法	200310116696	2003.11.27	易健宏　彭元东　李丽娅　邹联隆	2007.01.17
70	氢分离用钯基合金/孔径梯度钛铝金属制备方法	200410003041	2004.01.13	贺跃辉　林小芹　汤义武　徐南平　高海燕　张启修　江　垚	2007.02.14
71	炭/炭复合材料抗氧化涂层及其制备方法	200410003042	2004.01.13	葛毅成　易茂中　黄伯云	2007.02.14

续上表

序号	发明名称	专利号	申请日期	发明人	授权日
72	一种新型电磁感应多孔坯体自发热化学气相渗	200410003038	2004.01.13	蒋建纯　周九宁 谢良泉　徐庚荣 浦保健　张红波 熊　翔　黄伯云	2007.02.14
73	物理场作用下化学气相沉积快速制备炭/炭复合材料	200410023057	2004.04.01	黄启忠　谢志勇 苏哲安　陈建勋 张福勤　黄伯云	2007.02.14
74	多元耦合物理场制备炭/炭复合材料的方法	200410029034	2004.04.16	黄启忠　谢志勇 苏哲安　陈建勋 张福勤　黄伯云	2007.02.14
75	一种羟基磷灰石/高聚物生物复合材料的制备方法	200410023156	2004.04.29	周科朝　黄苏萍 李志友　朱东波 朱晒红	2007.02.14
76	一种适宜于等径角挤压方法制备声体纳米晶材	200410023275	2004.06.03	刘　咏　刘祖铭 蒋炳炎　郭　晟	2007.02.14
77	孔径梯度均质钛铝金属间化合物过滤膜的制备方法	200410002601	2004.01.13	贺跃辉　林小芹 汤义武　徐南平 高海燕　张启修 江　垚	2007.03.28
78	炭/炭复合材料圆盘部件的快速等温 CVI 增密方法	2003105528.1	2003.01.13	熊　翔　刘根山 张红波　于　澎 徐惠娟　黄伯云	2007.03.21
79	一种基因载体的制备方法及应用	200410023347	2004.06.25	周科朝　朱晒红 黄苏萍　李志友	2007.03.28
80	铝基吸波材料及制备方法	200410023374	2004.06.30	陈康华　黄兰萍 李金偆　彭伟才	2007.03.28
81	炭/炭复合材料碳化物涂层制备方法	200410023390	2004.07.06	熊　翔　黄伯云 刘　军　张红波 王建营	2007.03.28
82	钛铝元素粉末反应合成制备方法	200410003039	2004.01.13	贺跃辉　江　垚 林小芹　汤义武 高海燕　张启修	2007.05.09

续上表

序号	发明名称	专利号	申请日期	发明人	授权日
83	一种用于惰性阳极的保护装置	200410047026	2004.12.09	李志友　赖延清 张　雷　周科朝 张　刚　李　劼	2007.11.14
84	炭/炭复合材料碳化合物涂层制备方法	200410029280	2004.08.10	熊　翔　黄伯云 刘　军　张红波 王建营	2007.11.14
85	超细碳化钨粉末的制备方法	200410045065	2004.07.20	吴恩熙　颜练武 钱崇梁　曾　青	2007.11.14
86	纳米碳化铬粉末的制备方法	200410045066	2004.07.20	吴恩熙　颜练武 钱崇梁　曾　青	2007.11.14
87	提高铝锌镁合金焊接热影响区应力腐蚀抗力的方法	200410045079	2004.07.23	陈康华　黄兰萍 郑　强　刘红卫 罗丰华　李松林	2007.11.14
88	一种可切削的生物活性玻璃陶瓷及制备方法	200410079278	2004.09.28	刘　咏　向　其 单　小　盛小娴	2007.11.14
89	铝基钨酸锆颗粒复合材料的制备方法	200410023391	2004.07.06	陈康华　黄兰萍 罗　丰　周兴华 彭　迪　戴恩斌	2007.11.14
90	一种用于铝电解惰性阳极焙烧启动或预热更换的保护装置	200510031315	2005.03.10	李志友　赖延清 张　雷　周科朝 李　劼　张吉龙 孟　杰　顾松青 刘风琴　王　玉	2008.06.04
91	银氧化锡触头材料的制造方法	200510032092	2005.03.10	林　炳　丁万山 邓县高　刘承峰 吴厚平	2008.06.04
92	一种炭/炭－碳化硅陶瓷制动衬片的制备工艺	200510000623	2005.01.18	肖　鹏　熊　翔 张红波	2008.10.15
93	一种城轨磁浮车辆用制动闸片	20072653465	2007.12.07	姚萍屏　熊　翔 白燕麟　汪　琳 张红波　何　俊 张建兵	2008.10.22

续上表

序号	发明名称	专利号	申请日期	发明人	授权日
94	一种超细钨铜复合粉末的制备方法	200510031446	2005.04.14	范景莲　刘涛　成会朝	2008.12.31
95	微波快速晶化制备铁基纳米晶软磁合金的方法	200710034602.9	2007.03.23	李丽娅　易健宏　葛毅成　彭元东	2008.12.17
96	环保型高性能汽车刹车片及其制备方法	200510031239	2005.02.02	苏堤　黄伯云　刘伯威　李度成　蒋辉珍　熊翔　王坪龙　李永侠	2008.12.31
97	镱微合金化的铝铜镁银锰系高强变形耐热铝合金及其制备	200710034858.x	2007.04.29	肖代红	2009.01.14
98	抗再结晶 Al – Zn – Mg –（Cu）合金	ZL200610031119.0	2006.01.09	陈康华　黄兰萍　方华婵　张苗	2009.02.11
99	冶金炉炉内杂质清洁材料	200610031433	2006.03.30	张立　陈述	2009.02.18
100	用于破甲药形罩的低强度高延性钨铜复合材料	ZL200510000904.5	2005.04.18	范景莲　刘涛　成会朝	2009.03.18
101	一种高毁伤细晶 W – Cu 药形罩的制备方法	ZL200610055975.X	2006.05.08	范景莲　成会朝　刘涛　田家敏	2009.03.18
102	一种高强耐热铝合金及其管材的制备方法	200710034652.7	2007.03.30	肖代红　陈康华　宋旼	2009.03.18
103	一种用于化学气相沉积工业炉尾气净化的装置	200710034941.7	2007.05.18	邹志强　熊杰　张红波　熊翔　黄伯云	2009.04.15
104	一种含稀土的镁铝锌锰合金及其制备方法	ZL200710035204.9	2007.06.25	肖代红	2009.05.13
105	一种 C/SiC 复合材料表面材料抗氧化涂层及制备	200710035566.8	2007.08.16	熊翔　闫志巧　肖鹏　陈峰	2009.06.10

续上表

序号	发明名称	专利号	申请日期	发明人		授权日
106	一种含稀土镨的高强变形耐热铝合金及其制备工艺	ZL200710192544.2	2007.12.07	肖代红	宋旼	2009.06.17
107	一种硬质合金可转位异型刀片的制备方法	ZL200710035915.6	2007.10.17	范景莲　成会朝周翠红　姚学详田家敏		2009.07.29
108	一种高致密 TiAl 基合金制备方法	ZL200710034383.4	2007.02.05	刘咏　刘彬张伟　何晓宇		2009.09.09
109	炭/炭复合材料与铜连接用合金及其制备工艺	ZL200710034339.3	2007.01.29	张福勤　方勋华于澍　宋玫袁铁锤　黄伯云熊翔		2009.09.09
110	一种制备锂电池正极材料的方法	200510032093	2005.09.01	李志友　曹笃盟周科朝　刘志坚		2009.09.09
111	宇航器空间对接用摩擦片及其制造方法	200510001476	2005.09.27	袁国洲　张兆森姚萍屏　彭剑昕汪琳　谢剑峰		2009.09.09
112	大尺寸薄壁炭/炭复合材料产品制造用仿形加热式工业炉	ZL200710080590.3	2007.02.06	邹志强　张红波熊杰　熊翔黄伯云		2011.08.31
113	一种微/纳氧化钨晶须/线/棒的制备方法	200710034506.4	2007.03.08	马运柱　刘文胜黄伯云　唐芳		2009.09.09
114	一种镍铝基合金多孔材料的制备方法	200810031136.3	2008.04.24	刘咏　何晓宇刘彬　李为张伟		2009.09.12
115	高强高韧性耐蚀 Al－Zn－Mg－（Cu）合金	ZL200610136903.3	2006.12.19	陈康华　方华婵张苗　祝昌军黄兰萍		2009.11.04
116	一种合成高纯度碳纳米球及碳微球的方法	200810030877.X	2008.03.24	谢永贵　黄启忠黄伯云		2009.11.04

续上表

序号	发明名称	专利号	申请日期	发明人	授权日
117	一种碳化硅反向镜材料的制备方法及其 CVI 成形	200710034380.0	2007.02.05	肖　鹏　　熊　翔　邓　清	2009.11.04
118	摩擦试验机测试系统	ZL200820210987.X	2008.12.17	徐惠娟　彭剑昕　姚萍屏　易茂中　熊　翔　龚建仁	2009.11.18
119	一种高性能粉末冶金 Mo－Ti－Zr 钼合金的制备方法	ZL200810031044.5	2008.04.11	范景莲　成会朝　卢明园　田家敏　刘　涛	2009.12.09
120	大型飞机用粉末冶金航空刹车材料及制备工艺	ZL200610136830.2	2006.12.08	姚萍屏　熊　翔　黄伯云　汪　琳　易茂中　张红波　冯志荣　白燕麟	2009.12.09
121	一种含钪铸造耐热铝合金及其制备方法	ZL20070036072.1	2007.11.07	肖代红　杨太华	2009.12.23
122	一种聚合物裂解－反应热压制备纳米 SiC 颗粒增强 MoSi 基	200710035810.0		彭　可　易茂中　冉丽萍　葛毅成　方勋华	2010.01.10
123	一种聚合物裂解－反应热压制备纳米 SiC 颗粒增强	2007135810.0		彭　可　易茂中　冉丽萍　葛毅成　方勋华	2010.01.13
124	一种 Al－Zn－Mg－Cu 系铝合金的三级固溶热处理方法	200810032124		陈康华　肖代红　巢　宏	2010.01.13
125	一种铝电解用陶瓷基惰性阳极与金属导电杆的	2006132461.2		周科朝　李志友　张　雷　李　劼　赖延清　张晓泳	2010.01.20
126	一种含稀土的细晶 W－Ni－Fe 合金铁制备方法	2008130663.2		范景莲　刘　涛　黄伯云　成会朝　田家敏	2010.01.20
127	含钕或镝抗再结晶耐蚀铝合金	2007135107.X		陈康华　方华婵　张　苗　祝昌军	2010.02.17

续上表

序号	发明名称	专利号	申请日期	发明人	授权日
128	制氟碳阳极化学气相沉积热解碳抗极化涂层制	20071359160		张福勤　黄伯云 方勋华　宋　玟 袁铁锤　夏莉红 王　蕾　熊　翔	2010.02.17
129	一种超细或纳米钼铜复合粉末及其合金的制备	20071358153		范景莲　陈玉柏 成会朝　刘　涛 田家敏　黄伯云	2010.02.17
130	一种高速动车组用粉末冶金制动闸片材料及其制备方法	2008131315.7		姚萍屏　熊　翔 汪　琳　白燕麟 何　俊	2010.02.24
131	飞机机轮刹车副结构强度检测装置	2008130746.1		杨文堂　易茂中 熊　翔　张红波 黄伯云	2010.02.24
132	一种化学气相沉积双无碳化物复合涂层的制造	200510001424		熊　翔　李国栋 黄伯云　肖　鹏 张红波	2010.04.14
133	双梯度复合涂层	2006132331.9		李国栋　熊　翔 黄伯云　肖　鹏 张红波	2010.05.26
134	炭/炭－碳化硅复合材料刹车闸瓦闸片的制造方法	2007135176.0		肖　鹏	2010.05.26
135	一种热电池负极 Ni－Li 复合材料制备方法	2007181153.3		刘志坚	2010.06.02
136	一种无铅易切削镁石墨黄铜	200810030409.2		黄劲松　周忠诚	2010.06.09
137	纳米 Fe、Mo 包覆 Si_3N_4 颗粒的复合粉末的制备方法	200810030667.0		范景莲　银　锐 刘　涛　田家敏 成会朝	2010.06.09
138	一种采用多孔 Ni Al 合金催化剂制备碳纳米管的方法	200810031138.2		刘　咏	2010.07.14

续上表

序号	发明名称	专利号	申请日期	发明人	授权日
139	一种热电池负极材料的制备方法	2007181154.8		刘志坚	2010.08.04
140	一种包覆结构金属零部件的制备方法	200910043470.5		李益民　何　浩　刘　攀　邓忠勇	2010.08.04
141	一种热电池负极材料	2007181151.4		刘志坚	2010.08.05
142	炭/炭复合材料平板的快速化学气相渗制备方法	200810143540.X		张福勤	2010.08.11
143	一种碳化硅纳米纤维/炭纤维复合毡体的制备方法	200810030854.9		徐先锋	2010.09.29
144	一种无铅易切削硅石墨黄铜	2008130662.8		黄劲松　周忠诚	2010.10.13
145	一种工业制动器用炭/陶制动衬片的制造方法	200910042780.5		肖　鹏　李　专　熊　翔	2010.10.13
146	双元碳化物共沉积纤维增强复合材料的制造方法	2006132336.1		李国栋　熊　翔　陈昭科　黄伯云　张红波　肖　鹏	2010.11.10
147	一种陶瓷基惰性阳极铝电解槽的焦粒焙烧启动方法	200910043018.9		张　雷　周科朝　李志友　甘雪萍	2010.11.10
148	纳米结构组装高振实密度四氧化三钴粉末的制备方法	200910043587.3		张　立　吴厚平	2010.11.10
149	一种制备碳化钽涂层的方法	2003105744.6		周科朝　何捍卫　熊　翔　张红波　黄伯云	2010.11.10
150	炭/炭复合材料碳化物涂层制备方法	200510000811		熊　翔　黄伯云　刘　军　张红波　王建营	2010.11.10
151	乙交酯的提纯方法	200610031136		申雄军　阮建明	2010.11.10

续上表

序号	发明名称	专利号	申请日期	发明人	授权日
152	炭/炭复合材料与铜合金的连接方法	20071825358		张福勤 黄伯云 方勋华 宋　玫 袁铁锤 夏莉红 王　蕾 欧孝玺	2010.11.10
153	炭/炭复合材料平板的快速化学气相渗制备方法	200810143540		张红波 熊　翔 张福勤 周九宁 夏莉红 王　蕾	2010.11.10
154	用于高效率制备微细金属及合金粉末的雾化喷嘴	200910304166.1		陈仕奇	2010.11.10
155	铝合金细化剂及用该细化剂制备的铝合金	2007134819. X		陈康华 张　苗 方华婵 周年润	2010.11.24
156	一种肝、脾脏特异性阳性核磁共振对比剂及其制备方法	200910043384.4		黄苏萍 周科朝 王　维 李志友	2010.12.01
157	一种制备纯净 $MoSi_2$ – WSi_2 复合粉末的	2007134539.9		易茂中 彭　可 冉丽萍	2010.12.15
158	一种复合涂层及其制备方法和应用	200910043658. X		李志友 马　莉 周科朝 张　雷 甘雪萍 周　涛	2010.12.29
159	炭铜纤维整体织物/炭–铜基复合材料的制备方法	200710035339.5		冉丽萍 杨　琳 易茂中	2010.12.15
160	一种耐高温熔盐腐蚀金属陶瓷阳极材料及其制备方法	ZL200910304091.7	2009.07.07	周科朝 何汉兵 谭占秋 李志友 甘雪萍 张　雷	2011.01.05
161	化学气相沉积合成无金属催化剂自组生长碳纳米管的方法	ZL200810031235.1	2008.05.07	唐元洪 李晓川 林良武 徐海峰	2011.01.12
162	一种以铜合金为金属相的陶瓷基复合材料及其金属相加入方法	ZL200910043721. X	2009.06.19	甘雪萍 周科朝 李志友 张　雷	2011.02.16

续上表

序号	发明名称	专利号	申请日期	发明人	授权日
163	一种金属掺杂氧化管纳米颗粒包覆碳纳米管的方法	ZL200810143059.0	2008.10.08	陈传盛　陈小华 刘天贵　郭凯敏 宁振武　朱　灿 何晨冲	2011.03.23
164	炭/炭铜复合材料的制备方法	ZL200810143575.3	2008.11.13	张福勤　欧孝玺 夏莉红　王　蕾 于　澍　袁铁锤	2011.03.30
165	一种 TiAl 基合金热锻用复合包套	ZL200710081268.2	2007.05.09	黄劲松　刘　咏 刘　彬　张　伟 何晓宇　贺跃辉 黄伯云	2011.03.30
166	一种制备多孔非晶态合金块体材料的粉末锻压成型方法	ZL200910311727	2009.12.17	刘祖铭　刘　咏 黄伯云　朱艺添 吴　宏　张刘杰	2011.04.13
167	一种 Al – Zn – Mg – Cu 系合金的时效热处理工艺	ZL201010158247.8	2010.04.28	陈康华　彭国胜 陈送义	2011.04.27
168	一种微波熔渗制备 W – Cu 合金的方法	ZL200910304114.4	2009.07.08	易健宏　郭颖利	2011.04.27
169	炭/炭铜复合材料制备方法	ZL200810143574.9	2008.11.13	张福勤　黄伯云 欧孝玺　夏莉红 王　蕾　宋　旼	2011.04.27
170	铝电解陶瓷基惰性阳极与金属导杆连接结构及其制备方法	ZL200810031871.4	2008.07.24	张　雷　周科朝 李志友	2011.05.18
171	一种非石墨化导电碳阳极材料的制备方法	ZL201010300305.6	2010.01.14	张福勤　于　澍 夏莉红　梁世栋 袁铁锤	2011.05.18
172	一种铸造无铅易切削黄铜	ZL200910044315.5	2009.09.11	黄劲松　彭　韬 李　顺　张仲灵	2011.05.25
173	一种含稀土氧化物强化相钛合金的粉末冶金制备方法	ZL200910308457.8	2009.10.19	刘　咏　刘延斌 汤慧萍　邱敬文 王　斌　王玉林	2011.05.25

续上表

序号	发明名称	专利号	申请日期	发明人	授权日
174	一种抑制硬质合金烧结过程中稀土定向迁移的方法	ZL201010146150.5	2011.04.13	张　立　吴厚平 陈　述　熊湘君	2011.06.01
175	控制粉末冶金材料及制品烧结膨胀缺陷的烧结方法的模具	ZL200910043114.3	2009.04.15	刘祖铭　何晓宇 黄伯云　刘　咏	2011.06.01
176	一种药型罩用 Cu－W－Ni 铜基复合材料及其电铸方法、电铸液	ZL201010300487.7	2010.01.20	何捍卫　贾守亚	2011.06.01
177	采用双层合金包套的 TiAl 基合金热锻工艺	ZL200710080883.1	2007.03.21	黄劲松　刘　咏 刘　彬　张　伟 何晓宇　贺跃辉 黄伯云	2011.06.29
178	Al－Zn－Mg－Cu 系合金的固溶热处理方法及用该方法处理的铝合金	ZL200910227072.9	2009.12.01	陈康华　彭国胜 陈送义	2011.07.13
179	复合黑体法测量比热装置	ZL201010300150.6	2010.01.08	王　辉　薛　健 徐惠娟　熊　翔	2011.08.10
180	采用高温合金包套的 TiAl 基合金热锻工艺	ZL200710080674.7	2011.08.24	黄劲松　刘　咏 刘　彬　张　伟 何晓宇　贺跃辉 黄伯云	2011.08.24
181	一种用于制备碳化硅粉末烧结多孔体的组合黏结剂及使用方法	ZL2009103048708.2	2009.10.30	陈康华　祝昌军	2011.08.25
182	一种铸造低铅易切削黄铜	ZL200910044796.X	2009.11.23	黄劲松　彭　韬 李　顺　张仲灵 周忠诚　刘继进	2011.08.31
183	一种超细晶 WC/Co 系硬质合金及其制备方法	ZL201010184362.2	2010.05.27	肖代红　宋　旼 申婷婷　欧小琴 贺跃辉　王守仁	2011.09.07
184	一种利用含锰还原铁粉制备钛基粉末冶金材料的方法	ZL201110201900.4	2010.08.17	曹顺华　李信平	2011.09.07

续上表

序号	发明名称	专利号	申请日期	发明人	授权日
185	一种铁基梯度结构齿轮及其制备方法	ZL200910043468.8	2009.05.20	李益民　何　浩　张建光　唐　嵘	2011.10.05
186	一种 Al－Zn－Mg－Cu 系铝合金的形变—固溶热处理工艺方法工艺	201110183388.X	2011.10.18	陈康华　陈送义　彭国胜	2011.10.18
187	一种高强铝合金等温变向自由锻方法及装置	ZL201010282336.3	2010.09.15	陈康华　梁　信　陈送义　彭　迪　陈学海	2011.11.23
188	一种含银粉末冶金钛钼铝钒合金及其制备方法	ZL201010125198.8	2010.03.16	肖代红　袁铁锤　贺跃辉	2011.11.23
189	一种 CVD 热板法快速制备高密度各向同性炭的方法	ZL200910044786.6	2009.11.20	谢志勇　黄启忠　谭瑞轩　张明瑜　苏哲安　陈建勋　黄伯云	2011.11.30
190	一种包覆改性无铅焊料合金粉末的方法	ZL201010126840.4	2010.03.18	刘文胜　马运柱　彭　芬	2011.11.30
191	一种烧结钐钴基稀土永磁材料母合金的熔炼方法	ZL201010117231.2	2010.03.03	李丽娅　易健宏	2011.12.07
192	一种环保无铅铜基自润滑材料及其制备工艺	ZL200910311183.8	2009.12.10	姚萍屏	2011.12.07
193	用于制备块体纳米晶材料的模具	ZL200420068063.7		刘　咏　刘祖铭　蒋炳炎　郭　晟	20050928
194	控制粉末冶金材料及制品烧鸡膨胀缺陷的烧结方法及模具	ZL200910043114.3	20090415	刘祖铭　何晓宇　黄伯云　刘　咏	20110601
195	一种制备多孔非晶态合金块体材料的粉末锻压成形方法	ZL200910311727.0	2009.12.17	刘祖铭　刘　咏　黄伯云　朱艺添　吴　宏　张刘杰　孙　沛	2011.04.13

续上表

序号	发明名称	专利号	申请日期	发明人		授权日
196	一种制备多孔非晶态合金块体材料的粉末挤压成形方法	ZL200910311729.X	2009.12.17	刘祖铭 黄伯云 吴 宏 孙 沛	刘 咏 朱艺添 张刘杰	2011.12.14
197	一种 Al－Ni－Ce－La 系铝基非晶态合金及其制备方法	201010195974.1	2010.06.10	刘祖铭 黄伯云 朱艺添 杜 勇	张刘杰 刘 咏 吴 宏	
198	一种 Al－Ni－Ce－La 系铝基非晶态合金及其制备方法	2010101955874.9	2010.06.10	刘祖铭 黄立清 朱艺添 黄 群	李晓峰 刘 咏 张刘杰 陈芝霖	
199	一种控制粉末冶金坯体烧结变形缺陷的约束烧结模具	ZL201110040207.8	20110.02.8	刘祖铭 张刘杰 何晓宇	刘 咏 赵慕岳	2013.02.27
200	一种气体雾化粉末挤压成形制备铁基高温合金的方法	201110042609.1	2011.02.22	刘祖铭 刘 咏 刘志坚 刘东华 张宁一 赵大鹏	黄伯云 贺跃辉 刘 锋 张刘杰 韩云娟 郭 薇	
201	一种金刚石磨削模具及其制造装置	201110147184.0	2011.06.02	刘祖铭 彭位安		
202	氧过饱和铁基合金粉末的气体雾化制备方法	201110194165.3	2011.07.12	陈仕奇 黄伯云 刘志坚 逯 峥	刘祖铭 贺跃辉 刘 咏 张刘杰	
203	一种用于炭盘预成形件 CVI 增密的多料柱内热式工业炉	ZL201110152472.5	2011.06.08	邹志强 熊 翔 黄伯云	熊 杰 张红波	2012.08.15
204	一种高压缩水性水雾化铁粉及制备方法	ZL201110275149.7	2011.09.16	李松林 袁 勇 张德金	崔建民 徐从京 于永亮	

4.6.3 出版专著/教材一览表

表4-5 出版专著教材一览表

序号	著述名称	编者	出版社
1	粉末冶金原理	黄培云　徐润泽　贾春林	冶金工业出版社
2	粉末冶金材料	曾德麟　王才德　张齐勋　李景顺　凌心珠	冶金工业出版社
3	粉末冶金基础理论及新技术	黄培云　金展鹏　陈振华	
4	粉末冶金原理（第2版）	黄培云　徐润泽　曾德麟　姚德超　张齐勋　林　炳	冶金工业出版社
5	钛铝基金属间化合物	黄伯云	中南工业大学出版社
6	有色金属材料手册（上）	黄伯云	化学工业出版社
7	有色金属材料手册（下）	黄伯云	化学工业出版社
8	生物材料学	阮建明　邹俭鹏　黄伯云	科学出版社
9	院士的理想、实践与情操（第一卷）	黄伯云　徐建军	人民出版社
10	高性能炭/炭航空制动材料的制备技术	黄伯云　熊　翔	湖南科技出版社
11	中国材料工程大典（第四卷上）	黄伯云主编	化学工业出版社
12	中国材料工程大典（第五卷下）	黄伯云主编	化学工业出版社
13	粉末冶金标准手册	黄伯云　李溪滨　廖寄乔	中南大学出版社
14	粉末冶金结构材料学	徐润泽等	中南工业大学出版社
15	硬质合金	羊建高　谭敦强	中南大学出版社
16	钨冶金学	李洪桂　羊建高　李　昆	中南大学出版社
17	英汉双解粉末冶金技术词典	刘　咏　羊建高　戴　煜	中南大学出版社
18	梯度与新型结构硬质合金	刘　咏　羊建高	中南大学出版社
19	粉末冶金钛基结构材料	刘　咏　汤慧萍	中南大学出版社
20	英俄汉综合粉末冶金词汇	徐润泽　曲选辉	中南大学出版社
21	粉末冶金原理与工艺（高等）	曲选辉	冶金工业出版社
22	难熔金属材料与工程应用	殷为宏　汤慧萍　刘　咏	冶金工业出版社
23	特种陶瓷（第一版）	王零森编著　黄培云审定	中南大学出版社
24	特种陶瓷（第二版）	王零森编著　黄培云审定	中南大学出版社

续上表

序号	著述名称	编者	出版社
25	钢铁粉末	崔建民　李松林　袁　勇	中南大学出版社
26	材料科学与工程手册金属材料篇	赵慕岳主编粉末冶金部分	化学工业出版社
27	汉英德法俄日粉末冶金词典	徐润泽　李金鹏　曾德麟　张齐勋　姚德超	冶金工业出版社
28	铜及铜合金粉末与制品	汪礼敏、王林山主编　赵慕岳主审	中南大学出版社
29	钨钼冶金	张启修、赵秦生主编　赵慕岳主审	冶金工业出版社
30	钨合金及其制备新技术	范景莲	冶金工业出版社
31	粉末冶金原理	阮建明　黄培云	机械工业出版社
32	金属注射成型的原理及应用	李益民　李云平	中南大学出版社
33	粉末增塑近净成形技术及其致密化基础理论	范景莲	冶金工业出版社
34	材料科学技术名词	赵慕岳编写粉末冶金部分	科学出版社
35	铝电解金属陶瓷惰性阳极材料	周科朝　李志友　张　雷	中南大学出版社
36	高性能炭/炭复合材料制备、结构与应用	黄启忠	中南大学出版社
37	海军飞机结构腐蚀控制设计指南	褚林塘　吴有金　刘祖铭	航空工业出版社
38	飞机结构腐蚀分析	刘祖铭	航空工业出版社
39	舰载飞机腐蚀控制设计指南	曹定国　刘祖铭	中国航空工业总公司
40	舰载飞机腐蚀控制适用性标准简介	刘祖铭　吴有金	中国航空工业总公司
41	民用飞机结构腐蚀控制设计手册	曹定国　仇仲翼　刘祖铭	中国航空工业总公司
42	粉末冶金模具设计	姚德超　王治海　熊春林	冶金工业出版社
43	粉末冶金电炉及设计	徐润泽　邓宏才　周洛三	中南工业大学出版社
44	粉末冶金实验技术	姚德超　刘立华　刘海珊　阙季仪	冶金工业出版社

续上表

序号	著述名称	编者	出版社
45	现代摩擦材料	徐润泽　黄国伟　李金鹏（俄译）	冶金工业出版社
46	粉末冶金注射成形	曲选辉　徐润泽（英译）	中南大学出版社
47	材料化学	李松林、崔建民主编　赵慕岳主审	化学工业出版社
48	粉体材料成形设备与模具设计	熊春林　汤中华　李松林	化学工业出版社
49	梯度与新型结构硬质合金	刘　咏　羊建高	中南大学出版社
50	粉末冶金钛基结构材料	刘　咏　汤慧萍	中南大学出版社

第 5 章　名师风范

　　粉末冶金研究院经过半个多世纪的发展，在取得丰硕的科研成果的同时，也培养出了一大批优秀人才。现将粉末冶金研究院的两院院士、国务院政府津贴获得者、长江学者、国家有突出贡献的中青年专家、国家"杰出青年"基金获得者等名师简介如下。

　　黄培云，男，（1917.08.26—2012.02.06），汉族，福建省福州市人，中共党员，科学博士，教授，博士生导师，中国工程院资深院士。是中国粉末冶金学科奠基人，"中国粉末冶金之父"，中南矿冶学院（现为"中南大学"）创始人之一。

　　黄培云 1938 年毕业于清华大学化学系，1940 年考取清华大学第五届公费留美生，1941 年秋抵美，在麻省理工学院研究生院攻读博士学位。1945 年获科学博士学位后，继续在该院从事博士后科学研究工作，黄培云的导师、国际著名学者 M·柯亨（Cohen）教授等对他很器重，要挽留他继续留美。但为了中华民族的振兴，黄培云毅然偕同已入美国籍的夫人于 1946 年底回到了祖国，以图科学救国。黄培云院士 1946 年回国在武汉大学矿冶系工作，1952 年院系调整时，由武汉大学调至中南矿冶学院，任副院长。1982 年当选为中共"十二大"代表。1990 年获得国务院政府特殊津贴，1994 年 5 月当选为中国工程院首批院士，1998 年起为中国工程院资深院士。

　　黄培云院士是世界著名的粉末冶金学家，是国际上最早采用粉末流变理论研究粉末压制的学者之一，他提出的粉末体应变推迟、应力松弛、粉末体变形充分弛豫等一系列新概念和新理论，不仅对粉末冶金具有重大贡献，而且对力学、流变学也具有重要的实用价值，这一理论因而被称为"黄氏压制理论"。他创立的粉末压型理论和烧结理论，进入了当代国际材料科学和高技术发展的前沿领域，引起了国际粉末冶金界的重视并受到了高度评价。他还通过合作在合金相图计算、快速冷凝等诸多领域内取得了许多重大成果，对中国航空、航天、原子能和兵器工业的发展起到了重要作用，曾 2 次获国家自然科学奖，多次获省、部级奖励。

黄培云院士曾任湖南省科协主席、湖南省科协名誉主席、中南大学学术顾问。

黄培云院士是中国粉末冶金学科的启蒙者和创始人之一。在黄培云等努力下，在国内创办了第一个粉末冶金专业，创建了第一个粉末冶金研究所。他亲自撰写教材、开设课程、制订教学计划，培养研究生，为国家培养了大量的科学技术人才，其中博士、硕士研究生八十余人，本科生二千余名，都已成为中国粉末冶金领域的骨干力量。他创建和领导的粉末冶金研究所，现已成为中国粉末冶金学科中心。在他的主持和领导下，共完成国家重点科研项目三百余项，其中获国家科技进步一等奖3项、三等奖2项；国家发明一等奖1项、三等奖1项，四等奖1项；国家自然科学进步奖三等奖1项、四等奖1项；省部级奖47项。这些科研成果被广泛应用于国防建设和国家重点工程上，先后3次受到中共中央、国务院、中央军委的贺电和嘉奖。

经过黄培云院士几十年的辛勤努力，中南大学粉末冶金研究院的科研教学水平已被国内外同行所公认，成为具有很高国际声誉和中国最重要的粉末冶金教学、科研、生产基地。国家计委先后批准以该所为依托建设"粉末冶金国家重点实验室"和"粉末冶金国家工程研究中心"。

黄伯云，男，1945年11月24日生，湖南省南县人，汉族，教授，博士生导师。

黄伯云1969年毕业于中南矿冶学院（现为中南大学）粉末冶金专业，1980—1986年留学美国爱阿华州立大学及AMES国家实验室并获得硕士、博士学位；1986年8月至1988年5月在美国田纳西大学从事博士后研究工作，1988年5月归国。回国后一直在中南大学（原中南矿冶学院、中南工业大学）工作，历任教授、博士生导师、所长、副校长、校长。黄伯云1999年当选中国工程院院士，2007年当选第三世界科学院院士，是国家973计划首席科学家，"十五"国家863计划新材料领域专家委员会主任，中南大学校长(2001—2011)，中国科学技术协会全国委员会副主席(2007—)，湖南省科学技术协会主席(2011—)，中国材料研究学会理事长(2007—)，中国共产党第十六、十七次全国代表大会代表，第十一届全国政协委员，第十二届全国人民代表大会常务委员会委员。

黄伯云主要从事新材料研究，在先进复合材料、高性能摩擦材料、高温结构材料、粉末冶金新材料等领域完成了一系列技术发明与创新，获得国家科技成果奖4项，国家教学成果奖二等奖2项。其中，高性能炭/炭航空制动材料的制备技术，荣获 2004 年度国家技术发明一等奖，结束了该奖项连续六年空缺的历史；他还获得了何梁何利科学与技术进步奖、留学回国人员成就奖、长沙市首届科学技术创新贡献奖、中国有色金属工业科技进步特别贡献奖和光召科技奖，以及国家中青年有突出贡献专家、全国杰出专业技术人才、全国国防科技工业系统先进工作者、全国优秀共产党员、全国劳动模范、湖南改革开放三十年最有影响力劳动模范等奖励和荣誉称号。

　　黄伯云是粉末冶金国家重点实验室首任主任，粉末冶金国家工程中心、轻质高强材料国防科技重点实验室创始人，领导创建了博云新材上市公司以及粉末冶金研究院的多家学科性公司。担任粉末冶金研究院（所）院长（所长）以来，提出了建立大团队、构建大平台、承担大任务、取得大成果、作出大贡献的学科建设与发展思想，使粉末冶金学科建设和人才培养得到了快速发展，受到了国家各级领导的高度重视。自 2005 年来，两届中央领导相继到粉末冶金国家重点实验室视察、指导。2013 年 11 月 4 日，习近平总书记视察粉末冶金国家重点实验室，听取了黄伯云院士关于粉末冶金学科科技创新、服务国家重大战略情况汇报后，对粉末冶金学科的创新发展给予了高度肯定，他说："你们做得非常好！"

吕海波，男，1931 年 9 月出生于江西省九江市，教授，博士生导师，中南矿冶学院粉末冶金研究所创建人之一。于 1951 年考入武汉大学冶金系，1952 年因全国高校进行院系调整，成立中南矿冶学院（后改名为中南工业大学、中南大学），随武汉大学矿冶系合并到中南矿冶学院冶金系。1953 年由于我国经济建设高速发展，苏联帮助建设株洲硬质合金厂，国家急需一批专业人才，中南矿冶学院从冶金系中选拔了 25 人进行硬质合金方面的专业学习，至 1956 年毕业后，吕海波成为我国第一批粉末冶金专业人才之一。

　　1956 年毕业后吕海波教授留校分到新组建的粉末冶金教研室工作，除担任教学任务外，兼任实验室主任，担负起粉末冶金实验室的建设任务。吕海波教授先后担任新材料研究室、粉末冶金研究所的领导工作。50 年来，他一直在为我国粉末冶金的人才培养、科学研究而努力拼搏。

　　吕海波教授几十年如一日，长期坚持在粉末冶金专业建设的第一线。从 1956 年毕业至 2004 年退休，他一直在为粉末冶金专业的建设而努力拼搏。从粉末冶金教研室的组建，到新材料研究室、粉末冶金研究所、粉末冶金研究院的建成，都倾注着吕海波同志的心血。于 1959 年荣获湖南省劳动模范并赴北京参加国庆典礼，1984 年和 1987 年被聘为湖南省科学技术委员会顾问，1985 年全国军工协作工作会议上被授予"先进个人"称号，1988 年获国防科学技术工业委员会颁发的献身国防技术事业荣誉奖章，1991 年获国家政府特殊津贴。同时他亲身参加铀分离膜、碳化硼控制棒、钨基高比重合金、高温自润滑轴承材料、航空刹车材料等多项国家重要新材料科研项目的研制和组织工作，而且经常深入第一线，与科技人员并肩战斗，为我国两弹一星等重大军事工程作出了突出的贡献，先后获国家级奖励 4 项，省部级奖励 16 项。

吕海波教授是中南大学资历较老的博导，是当年经国务院批准的博士生导师之一，他先后带过的硕士、博士近 50 名，他的学生已成为我国粉末冶金战线的知名人士。吕海波教授十分重视粉末冶金学、协会的建设和海峡两岸粉末冶金的学术交流，几十年来一直在为学会的发展努力工作，为我国粉末冶金的学术交流成功地组织了多次全国性的学术会议。吕海波教授已成为我国粉末冶金学会的主要活动家之一，为促进我国粉末冶金的学术交流作出了重要贡献。

徐润泽，男，1952 年 11 月 1 日中南矿冶学院成立之际，徐润泽由湖南大学矿业系合并来中南矿冶学院学习，1953 年 6 月毕业于中南矿冶学院有色冶金专业并留校任教。1956 年上学期由冶金系调金属工艺系粉末冶金教学小组（当时为株洲硬质合金厂培养技术人员，办了 56、57 两届硬质合金专门化）并派去上海外国语学院进修俄语一年（1956 年 9 月—1957 年 8 月）。1959 年 9 月—1961 年 6 月两位苏联粉末冶金专家基巴里索夫、克利沃森科先后来校指导专业建设，徐润泽任专业翻译。1961 年升为讲师，1981 年升为副教授，1985 年升为教授，以后任硕士生导师，博士生副导师（协助黄培云院士指导杨海涛，其博士论文为《$Si_3N_4 - MgO - CeO_2$ 陶瓷材料的研究》）。1961 年起任粉末冶金教研室副主任，"文革"后担任粉末冶金教研室主任直到 1991 年年底退休，同时任中南矿冶学院首届学术委员会委员，中南工业大学教材建设委员会委员。学会工作方面，曾任中国机械工程学会粉末冶金学会委员，湖南省金属学会粉末冶金学会主任委员，《粉末冶金技术》副主编，爱晚诗社副社长，中南大学老年诗词协会会长，湖南省诗词协会理事，湖南省第四、五、六届政协委员。

徐润泽专业著作有教材、专著、词典、译著、诗著共 12 种。教材如：主编《粉末冶金基础》(冶金工业出版社，1974 年)；第二作者《粉末冶金原理》(冶金工业出版社，第一版 1982 年，第二版 1997 年)，此书获国家教委优秀教材奖；主编《粉末冶金电炉及设计》(中南工业大学出版社，1990 年)。专著：《粉末冶金结构材料学》(中南工业大学出版社，1998 年)；合编《中国冶金百科全书、金属材料类》(冶金工业出版社，1992 年)；词典：主编《汉英德法俄日粉末冶金词典》(冶金工业出版社，1983 年)，《英俄汉综合粉末冶金词汇》(中南大学出版社，2009 年)；译著《冶金炉》(第三册)(译自俄文，高等教育出版社，1954 年)；合译《现代摩擦材料》(冶金工业出版社，1983 年)；审校《粉末注射成形》(译自英文，中南大学出版社，2001 年)；诗著《菖蒲居吟集》(岳麓诗书画社，1998 年)，《枫林金秋集》(名家出版社，2006 年)。

从事科研项目有："雾化铁粉的研究"，所得系统资料，充实了专业材料；"锰铜粉末锻钢的研究"，提出了新体系 Fe - Mn - C 系锻钢；"硬质合金力学性能的研究"，获有色总公司科技三等奖。发表论文二十多篇，其中《WC - TiC - ZrC - Co 硬质合金拐点分解研究》及《WC - Co 硬质合金多冲性能研究》两文在 1988 年 6 月 5—10 日美国奥兰多举行的 1988 年国际粉末冶金会议上宣读，会后载于《粉末冶金进展 19 卷》。

王零森，男，1938 年 3 月生，教授，博士生导师，1960 年毕业于中南矿冶学院粉末冶金五年制本科，1986—1987 年受国家教委、国家计委联合公派赴美作访问副教授客座研究，1992 年获国务院特殊津贴。曾任中南工业大学粉末冶金研究所副所长、党总支书记，中共中南工业大学党委组织部长、纪委书记。曾兼任湖南省颗粒学会副理事长，湖南省硅酸盐学会常务理事，中国材料学会复合材料学术委员会副主任委员，第四届国防科工委科技奖励专家库成员，湖南省无机非金属材料工程技术重点实验室学术委员会委员，国防科学技术大学"新型陶瓷纤维及其复合材料国防科技重点实验室"学术委员会委员，《国际材料和产品工艺》杂志客座编辑。个人曾获湖南省科学技术"先进个人"称号，国防科委"献身国防事业"荣誉证书和证章，光华科技三等奖，以及湖南省"七五""八五"为国防作出突出贡献的"先进科技工作者"称号以及中南大学"优秀研究生导师"称号。

数十年来，王零森教授先后主持并完成了国家"六五""七五""八五""九五"科技攻关项目，国家自然科学基金项目和国家重点军工项目数十项，获国家和省、部级科技进步奖近十项次，于 1992 年获得政府特殊津贴。其中，20 世纪 60 年代初主持研究成功的中子控制材料，1965 年成功用于我国第一台生产性原子能反应堆中。70 年代研究完成的反坦克导弹喷管，用于我国第一代反坦克导弹中，并批量生产装备部队用于战场。80 年代主持完成了卫星制导陀螺仪用气浮轴承一系列课题，其中为风云一号研制的"碳化硼气浮轴承材料"，1995 年获国家科技进步三等奖。2002 年主持完成中国实验快中子增殖堆"碳化硼芯块"，小批量试制产品在俄罗斯快堆中经过一年的考核，2004 年俄方在长达 54 页的报告中说："中南大学研制的碳化硼芯块在达到快中子堆的辐照参数下表现出高的辐照稳定性，可以在中国实验快中子增殖堆中使用。"

王零森教授在国内外著名刊物和学术会议上发表论文 163 篇，其中第一作者 90 篇，第二作者 40 篇，被 EI、SCI、CA 等国际著名文摘广泛摘录。专著《特种陶瓷》，再版和重印多次，先后获中国有色金属工业总公司优秀教材一等奖、湖南省教委科技进步一等奖和湖南省科技进步三等奖。并于 2004 年被评为全国研究生教学用书。

王零森教授主讲过"误差基本理论和实验数据处理""金属陶瓷和特种陶瓷""特种陶瓷"等多门新课，获得中南工业大学"1996—1997 教学质量优秀奖"。共培养二十余名博、硕士生，指导多名博士后研究人员。2003 年被评为中南大学"优秀研究生导师"。

邹志强，男，汉族，1936 年 7 月出生于江西临川县，中共党员，教授，博士生导师。1960 年毕业于中南矿冶学院，1964 年完成研究生学业。1979 年 8 月由国家公派赴瑞典留学，1981 年 11 月回国。曾任中南工业大学粉末冶金研究所副所长、总工程师、粉末冶金国家重点实验室常务副主任。曾被聘为美国粉末冶金国际学会会员（APMI International）、中国冶金学名词审定委员会委员，*Intern. J. RM & HM*（学术期刊《国际难熔金属与硬质合金》，欧盟出版）国际编委会委员，中国有色金属学会期刊《稀有金属》编委，湖南有色金属学会刊物《稀有金属与硬质合金》编委，中国硬质合金行业学会刊物《硬质合金》编委。

邹志强教授长期从事金属材料和粉末冶金学科领域科研、开发与教学工作，多次承担国家科技攻关和军工新材料攻关重点项目。20 世纪 60 年代，参加了某战略导弹喷管的研制，为我国第一代战略火箭关键材料的研制作出了贡献。20

世纪 70 年代，参与并成功完成了多种反坦克导弹续航喷管的研制，转入批量生产后，满足了军工部门的需要。

1985 年，邹志强教授承担了国家重点科研项目"全面提高硬质合金质量"攻关，使我国硬质合金行业钨粉、碳化钨粉质量跨上了新的台阶，蓝钨质量达到美国、联邦德国水平，7 种级别的钨粉达到国际先进水平，这为根本改变我国钨制品和硬质合金质量提供了保证，也为随后我国硬质合金"七五""八五""九五"攻关和全行技术改造奠定了坚实基础，还创造了较大的直接经济效益，攻关第二年就创汇近 1000 万美元。该项成果于 1987 年荣获国家科技进步一等奖。随后，相继承担了中国科学院自然科学基金项目 1 项，国家教委博士点基金项目 1 项，国家军工配套材料项目 2 项，国家"八五"攻关项目 1 项，有色金属总公司重点项目 2 项，获部级科技进步一等奖 1 次，三等奖 3 次，四等奖 1 次。

1985 年获"湖南省优秀教师"称号，1988 年被授予"国家有突出贡献的中青年专家"称号，1992 年享受政府特殊津贴。1992 年获中国有色金属工业长沙公司"'七五'期间为国防建设作出突出贡献的先进科技管理工作者"称号。

1988—1989 年，由国家公派，以高级访问学者的身份赴奥地利承担"中国—奥地利"国际合作 A09 项目，出色完成了任务，该项目的完成提高了我国钨业科技水平，扩大了我国钨业科技的国际影响。

作为中南工业大学（现中南大学）粉末冶金专业学科学术带头人之一，多年来，还承担了教书育人，培养研究生的任务。同时，全面负责粉末冶金国家重点实验室的建设并作出了重要的贡献。

1998 年，邹志强教授参与和承担了"C/C 复合材料航空刹车副的工程开发与工业性试验"国家重点科技攻关项目，历经 7 年艰苦科技攻关，终于取得了重大突破，打破了国外严密的技术封锁，研制了性能优异的新一代炭/炭航空刹车副，成功应用于大型干线客机和军机，邹志强教授与其他战友一道，荣获 2005 年度国家技术发明一等奖。作为该项目攻关团队主要技术骨干之一，邹教授在攻关过程中（作为第一发明人）先后申报国家发明专利 4 项（含 2 项国防专利），并获得专利授权。2002 年春退休后，他一直被返聘于湖南博云新材料股份有限公司，继续致力于炭/炭复合材料产业化基地的建设，力图把博云新材建设成我国先进的炭/炭复合材料新产品（包括军品和民品）开发与工业生产的基地。

赵慕岳，男，1936 年 6 月出生于湖南省邵东县，中国共产党党员，研究生学历，中南大学粉末冶金研究院研究员，1993 年获国务院政府特殊津贴。

1955 年 9 月考入中南矿冶学院冶金系冶炼 601 班，1960 年 9 月毕业留校工作，成为我国粉末冶金专业的第一批毕业生。1960 年 12 月被学校保送参加研究生班学习，1963 年 12 月，经过答辩完成研究生阶段的学习任务，成为我国第一位粉末冶金专业毕业的研究生。1963 年 12 月至 1966 年 6 月，任中南矿冶学院新材料研究室第四分室主任，从事钨基高比重合金的研究。1985 年 3 月至 1993 年 3 月，任中南工业大学科研处副处长，兼任科技服务中心经理。同时还兼任高温超导办公室主任，中南工业大学科技开发总公司总经理，中南工业大学科协副主席。1992 年晋升为研究员，1993 年 3 月至 1995 年 3 月，担任中南工业大学校长办公室主任。1995 年 3 月至 1998 年 8 月，担任中南工业大学粉末冶金工程研究中心办公室主任兼任粉末冶金研究所副所长。

科研方面，长期从事钨基高比重合金的系统研究工作，与研究组其他同志一道经过长期的艰苦拼搏，于 1965 年完成了中国第一个钨 - 镍 - 铜高比重合金项目，该合金问世后，立即在我国航空航天工业中得到了成功的应用，为我国的多个重大军事工程，如人造卫星、洲际导弹和核潜艇的研究提供了关键的材料，因此曾多次获得中共中央、国务院、中央军委的嘉奖贺电。

随后根据国防建设的重大需要，又相继开展多种钨基高比重合金研究。为了通信卫星的科研需要，对钨基高比重合金表面硬化处理前后进行了长达十年的研究，终于较好地达到了通信卫星中姿态仪的要求。另外，为了满足高精度陀螺的研究需要，又开展了高均匀度、大膨胀系数新型高比重合金材料的研究，经过长达五年的艰苦探索，终于出色完成了这一研究任务。经过多年的钻研，研制出了一种独具中国特色的钨球成型工艺，不仅简化了工艺，使材料的利用率高达 95%，同时产品的性能更加优异。

为了军事工程的需要，先后为我国的多项重大军事工程提供钨基合金产品，为我国的国防建设事业作出了重要贡献，先后获得了国家科技进步奖 2 项，省级科技进步奖 11 项。

因为在科学研究和教学工作中的突出成绩，曾被我国多家知名期刊聘为编委，其中包括《粉末冶金技术》《粉末冶金工业》《中国钨业》等。并被中国有色金属加工工业协会聘为专家顾问委员会专家，被中国机协粉末冶金协会聘为专家委员会委员，同时也是粉末冶金产业技术创新战略联盟第一届专家委员会特聘委员，全国科学技术名词审定委员会的特聘专家。长期从事学会工作，十分重视海峡两岸的学术交流活动，多次成功地参与组织全国学术会议和海峡两岸的学术交流活动，已成为我国粉末冶金学、协会的重要活动家之一，为我国粉末冶金学科的学术交流作出了一定贡献。

王伏生，汉族，中共党员，1936 年 7 月出生于湖南省湘潭市，1961 年毕业于中南矿冶学院（现中南大学）并留校任教。

王伏生一直从事金属材料、粉末冶金学科领域的科研、开发及教学工作，其中 1962 年初至 1963 年 7 月参加了国家重大项目的攻关任务，即"××分离膜的制造技术"的研究，该成果成功应用于铀的同位素分离，为我国第一颗原子弹爆炸作出了贡献。

王伏生同赵慕岳、梁容海等全组同志一起先后完成了国家攻关任务 9 项，其中两项获得国家科学进步三等奖（排名第一），多项获部级省级科技成果二等奖、三等奖。1986 年被授予"国家有突出贡献中青年专家"的称号，1987 年被授予"湖南省优秀科技工作者"，1995 年被有色金属总公司授予"中国有色金属总公司军用标准工作先进个人"的称号，获得了"光华科技基金奖"等奖励，从 1992 年起享受国务院政府特殊津贴。

1965 年率先在国内研究出 W－Ni－Cu 系列钨基高密度合金，并迅速在航空航天军事工业中得到推广应用，成功地应用于我国发射的第一颗人造卫星上。随后研究出 W－Ni－Fe 多个系列的钨合金产品，还研究出某些特殊用途的钨合金系列产品，如"大膨胀系数钨基合金""钨基合金表面硬化处理"等系列产品，其中"钨基合金及表面硬化处理"的成果，为我国第一颗通信卫星中 2 项技术性能指标超国际同类卫星技术性能起了关键性作用。所完成的"六五""七五"等多项攻关任务，使我国航空航天工业上的导航性能指标提高到一个新水平，并成功地应用于某航天工程上，同时在神舟 5 号飞船也得到成功应用。执笔制订了 2 项军用技术标准，为我国某些重要军工项目选材提供了材料性能的技术标准依据，保障了材料性能要求。

同时还研究开发出多项民用项目，申请了 2 项专利，如"钨基合金砧块系列产品"的开发研究，取得了较明显的经济及社会效益。

王伏生先后发表了《熔浸法制备铜钨合金的机理探讨》《钨基合金表面硬化处

理研究》等三十多篇学术论文，提出了定向熔浸机理的理论，较好地解决生产实际中出现的问题，明显地提高了产品质量。

李溪滨，男，中共党员，教授，博士生导师，1958年考入中南矿冶学院合金专业，1959年学院正式创办粉末冶金专业，成为本专业的第一批学员。1963年大学毕业后留校工作。曾担任课题组长，材料研究室主任，粉末冶金研究所科技办主任，主管科技副所长，党总支书记兼工会主席。由学校聘为教授、博士生导师。由于工作业绩出色，曾荣获湖南省高校优秀科技工作者、湖南省有色系统先进管理工作者和优秀军工科技先进个人，湖南省优秀教师（荣记二等功），国家国防科工委授予"献身国防科技事业先进个人（奖章）"，国家计委、国防科工委、国家科委、国家经贸委联合授予"全国国防军工协作配套科技先进个人"，1992年成为享受国务院政府特殊津贴专家。

在工作期间，曾兼任全国摩擦学学会理事，常务理事，顾问，摩擦磨损减摩材料及技术专委会主任委员，中国有色金属粉末冶金标准化技术委员会主任委员，中国有色金属粉末冶金产品质量监督检验中心常务副主任，中国内燃机协会涡轮增压器标准化委员会委员，湖南省金属学会粉末冶金专委会主任委员，全国摩擦学学会会刊《润滑与密封》杂志编委，中国兵工集团《车用发动机》杂志特邀主编，粉末冶金研究院首届教授委员会主任委员等。

在科研工作中，李溪滨教授主持和完成了约20余项省、部、国家级重点科技项目，其中，参与研究的"旋转调谐捷变频磁控管的研究"荣获国家级科技进步一等奖，"特种车辆发动机涡轮增压器粉末冶金自润滑止推轴承研究"获部级科技进步一等奖，"高温高真空自润滑轴承保持架材料研究""高精度陀螺仪用新型耐磨自润滑材料研究"等三项获省、部级科技进步二等奖，"航空发动机SZQ-4型振动传感器自润滑支承环材料研究"等四项获部级科技进步三等奖，"多层印制直流微电机高性能电刷材料研究"等三项获省、部级科技进步四等奖。作为第一专利权人获国家发明专利2项，申请已公示1项。

在教学工作中，指导博士和硕士研究生十余名，其中，一篇论文获湖南省研究生优秀论文奖。参与"坚持教学、科研、生产相结合，促进粉末冶金学科发展"的课题工作，该项目获湖南省教学成果一等奖（第四），国家级教学成果二等奖。负责和参加出版著作2部，即《粉末冶金标准手册》上下集，《摩擦、耐磨、减摩材料与技术的研究及其实践》。主持和参与国家标准制定 2 项:《特种车辆发动机涡轮增压器自润滑止推轴承规范》和《粉末冶金术语》。公开发表中、英文论文 70 余篇。

刘华俏,男,湖南省衡阳县人,生于 1937 年 11 月。1958 年考入中南矿冶学院金属材料加工工程专业,入学后不久转至金属物理专业。1964 年元月大学本科毕业,随后由学校分配在新材料研究室(现粉末冶金研究院)工作。主要从事粉末冶金特种材料研究与开发。1992 年晋升为研究员,1993 年获得政府特殊津贴,1997 年 11 月退休并被本单位返聘至2010 年离开工作单位。

刘华俏教授曾主持或参加的研究课题 20 多项。其中"气液反应大型青铜微孔板研制""××航空发动机燃气室封严块材料研制"均获得 1978 年全国科学大会奖。研制成功"某型续航发动机钼喷管、导管、整体喷管",并建设了一条专用生产线。为我国国防工业作出了重要贡献。在 20 世纪八九十年代,研制的图 – 154M 飞机主机轮刹车副替代进口产品取得了圆满成功,在结构设计、材质性能上均远优于原进口的产品,具有自主产权,并取得了俄罗斯的"生产许可证"。建成了一条粉末冶金摩擦材料生产线和符合中国民航飞机 A 类部件生产质量保证的管理体系,为后来的航空刹车副的研究、开发、生产和推广应用奠定了坚实的基础。其中发表和内部保存的学术论文三十余篇,主要有《钼制品粉末热锻模具设计研究》《钼制品的粉末热锻》《添加元素对钨合金粉末烧结行为的影响》等。并先后获得省部级奖励 10 多项。

周科朝,男,1962 年出生,中南大学教授,博士生导师。1982 年毕业于湖南师范学院物理系,获学士学位,1989 年获北京科技大学固体物理学硕士学位,1997 年获中南工业大学材料学博士学位。1989 年至今,在中南大学从事应用物理学和材料学的教学与科研工作,1998 年被聘为教授,2004—2005 年在英国伯明翰大学从事高级访问研究。现任中南大学副校长,国家有突出贡献的中青年专家,享受国务院颁发的政府特殊津贴,教育部跨世纪优秀人才,国家"十五"863 计划新材料领域国防先进材料专项总体组专家，"十一五"和"十二五"863 计划新材料领域专家组成员，中国材料研究学会常务理事，中国材料研究学会青年委员会副主任，中国有色金属学会材料加工协会副理事长。《中国有色金属学报》(中英文版)编委，《稀有金属》编委。

作为国家自然科学基金委"特种粉末冶金材料应用基础研究"创新研究群体的研究骨干，带领一支十多名教师和三十多名研究生的研究团队，近年来主要从事新型/高性能粉末冶金材料、钛及钛铝合金的研究，主持或承担了 863 计划项目 3 项、973 计划项目课题 2 项、国家自然科学基金项目 4 项、省部级重大/重点项目 3 项。培养了博士 8 名，硕士 20 名。在钛铝合金的强韧化、多相非均质粉末材料的致密化理论与技术、生物陶瓷及其复合物等方面取得了一些有特色的学术成果，获得授权发明专利二十多项，发表学术论文六十余篇。

研究开发了铁酸镍基金属陶瓷材料及其功能结构一体化制备技术，应用于铝电解惰性阳极，实现了材料耐高温熔盐腐蚀、优良导电和抗热震性能的匹配，解决了大尺寸阳极的近净成形、强化烧结、与金属导杆导电连接、电极组装、预热更换等一系列关键技术难题，获得了 16 项发明专利，形成了系列技术原型；与中国铝业股份有限公司合作，2007 年进行 28 天的 5 kA 级惰性电极电解槽工程化试验，2011 年进行了 109 天 20 kA 级惰性电极电解槽的电解试验，实现了铝电解工艺过程 CO_2 零排放，研究成果达到国际先进水平，为惰性阳极铝电解技术的工业应用研究奠定了基础。出版专著《铝电解金属陶瓷惰性阳极材料技术》。

研究高合金铁基粉末冶金材料组织结构控制、低合金粉末预混合料和制品选区致密化技术，形成了大功率发动机用气门座圈、间隙调整片等零部件制备技术，制品批量应用于某重点型号新型装甲车辆发动机，2007 年获湖南省科技进步二等奖。

开展高强高韧钛合金和钛铝合金的结构性能调控和应用研究，特别针对 TiAl 基金属间化合物的室温脆性问题，研制了包套快速变形细化晶粒技术，为解决该合金的室温脆性问题开辟了新途径，材料的室温延伸率达到了 3%，并在 900℃ 实现了伸长率 400% 的超塑性；形成了 TiAl 基金属间化合物的粉末冶金近净形成形技术原型，研制的排气阀通过了台架实验，该成果获中国有色金属工业局科技进步一等奖。集成粉末冶金制粉技术和生物矿化技术，开发了纳米陶瓷颗粒原位矿化复合技术，解决了陶瓷/高聚物复合材料中纳米陶瓷颗粒分散和界面结合的问题，研制出新型羟基磷灰石/高密度聚乙烯复合人工听小骨，并在临床上进行应用试验。

熊翔，男，1963 年 2 月 28 日生，中南大学教授、博士，博士生导师，长江学者特聘教授，国务院政府特殊津贴获得者，人事部新世纪百千万人才工程入选者，教育部跨（新）世纪优秀人才。现任中南大学粉末冶金研究院常务副院长。

熊翔教授 1986 年 12 月—1989 年 10 月在中南工业大学粉末冶金研究所担任助教，1994 年晋升副教授，1994 年 10 月—1997 年 9 月晋升为教授并担任粉冶院副院长，1997 年 9 月—1998 年 10 月为英国 Leeds 大学高级访问学者，1998 年 10 月—2009 年 4 月担任中南大学粉末冶金研究院常务副院长，1999 年获得国务院颁发的政府特殊津贴。

熊翔教授长期从事粉末冶金新材料、粉末冶金摩擦材料、炭－陶瓷材料、炭/炭复合材料等航空、航天高技术新材料的研究，主持和承担了国家攻关、国家 863 计划、973 计划项目等多项课题的科研任务，是中国工程院院士黄伯云教授创新团队的科研骨干，特别是在高性能航空制动材料、航天用低烧蚀复合材料研究领域作出了重要的学术贡献，形成了多项重大创新成果，产生了显著社会经济效益，为我国和省国防现代化建设和国民经济建设作出了突出的贡献。获国家技术发明一等奖和二等奖各一次，受到胡锦涛总书记的亲自接见。

在科学研究基础上，熊翔教授致力于科研成果的转化，在黄伯云院士的领导下，创建了湖南博云新材料股份有限公司。取得了产业化社会效益和经济效益。

贺跃辉，男，1963 年 9 月出生，博士，教授，博士生导师，中南大学粉末冶金研究院副院长。全国有色金属标准化技术委员会粉末冶金分技术委员会（SAC/TC243/SC4）主任委员。现任中国钨业协会理事会技术顾问，中国材料学会理事，中国材料学会超硬材料分会副主任，中国材料学会先进材料及金属间化合物分会副主任。任 *Powder Metallurgy*、《中国有色金属学报》、*Trans. of Nonferrous Metals Society of China*、《中国钨业》《粉末冶金材料科学与工程》和《超硬材料工程》编委，2009' 国际 MRS 组委。湖南省第九、十届政协委员，霍英东研究奖励基金获得者，国务院政府特殊津贴获得者，国家杰出青年科学基金获得者，教育部长江学者特聘教授。

1990 年 3 月获得国防科技大学复合材料专业硕士学位；1994 年 12 月获得中南工业大学有色冶金专业博士学位。1996 年在中南工业大学粉末冶金研究所完成博士后研究工作。1996 年 9 月破格晋升为教授。1999 年 1 月—2001 年 1 月在美国橡树岭国家实验室和田纳西大学从事高级访问学者联合研究工作。2008 年 12 月—2009 年 3 月在澳大利亚昆士兰大学从事高级访问学者研究工作。2001 年 5 月被认定博士生导师资格。

以第一负责人，承担完成国家 973 基础研究项目、国家 863 高技术研究项目和国家自然科学基金项目二十余项。曾获国家科技进步奖一等奖（"难冶钨资源深度开发应用关键技术"，2012，排名第三），广西壮族自治区科技进步奖二等奖（"电解二氧化锰用新型表面合金化钛阳极的研制与应用"，2012，排名第一），国家教育委员会科技进步奖二等奖（"TiAl 金属间化合物的脆性机理和增塑的研究"，1995，排名第四），湖南省教育委员会科技进步奖一等奖（"TiAl 基合金工程材料强韧化新工艺技术的研究"，1997，排名第一），湖南省科技进步奖二等奖（"TiAl 基合金工程材料强韧化新工艺技术的研究"，1997，排名第一），国家有色金属工业局一等奖（"高性能 TiAl 基合金的研究"，1999，排名第四）。

主要的研究成果：针对难热加工塑性变形材料，提出了"包套锻准等静压快速变形"方法；系统研究了 Ti - Al、Fe - Al 和 Ni - Al 系金属间化合物多孔材料，建立起包括 Ti - Al、Fe - Al 和 Ni - Al 3 大类组成的整个 Al 系金属间化合物多孔材料体系框架，解决极端环境下多孔材料用材亟须难题；突破金属不能催化生长金属纳米线的理论禁锢，成功地制备出难熔金属钨纳米线及其阵列，显示出优异的场发射性能；研究出硬质合金正、负梯度结构形成机理及其控制因素，实施后硬质合金制品质量显著提高，国际竞争力增强；金刚石线的规模化生产；研究出电解 MnO_2 用新型 Ti 阳极。

已在 *Advanced Materials*，*Apply Physics Letters*，*Chemical Physice Letters* 等国内、外知名学术刊物上共发表论文三百余篇。其中被 EI 收录 152 篇，被 SCI 收录 126 篇，被 ISTP 收录 6 篇，论文被他人引用四百多次，其中 SCI 期刊他引三百余次。获得国家发明专利 47 项。以技术服务为依托，创办了长沙岱勒新材料科技有限公司、成都易态科技有限公司、湖南泰阳新材料有限公司 3 家国家高技术企业，解决了数百名人员就业问题，每年为社会创造产值上亿元。

刘文胜，男，1967 年 10 月出生，教授，博士生导师，教育部"长江学者"特聘教授，国家 863 计划新材料技术领域"特种材料研发"总体专家组专家，教育部新世纪优秀人才，"有色金属先进结构材料与制造"协同创新中心（2011 计划）PI 岗位专家。现任中南大学粉末冶金研究院党委书记兼副院长、粉末冶金国家工程研究中心副主任。担任的主要学术职务有：中国材料研究学会常务理事，中国材料研究学会青年工作委员会副主任，国家能源新材料技术研发中心理事、学术委员会委员，稀贵金属综合利用新技术国家重点实验室客座教授，中国航空学会理事等；《航空器环境工程》等期刊编委，Journal of Alloys and Compounds、Materials Letters、《中国有色金属学报》等期刊评委。

刘文胜教授长期在粉末冶金材料、电子材料、航空制动系统等领域开展研究工作。近年来，作为项目负责人完成了国家 863 计划重点项目"现代交通工具制动系统技术"、国防基础科研项目"钨×××材料制备技术研究"、国家自然科学基金项目、国际合作项目及省部级项目等 10 余项，主持完成了"×××型飞机机轮刹车系统的研制"等 3 种型号飞机机轮刹车系统研制任务。目前正在承担国家 863 计划重大项目"×××材料研制"、国家科技重大专项等项目。在粉末冶金材料研究方面，提出了增塑挤压成形制备钨纤维/晶须强韧化大长径比钨合金新思路，从成形剂的设计原则出发研制了适合于多形状因子粉末增塑挤压的多组元成形剂体系，实现了挤压成形过程中钨纤维/晶须的定向排布、大尺寸成形坯体的无缺陷脱脂以及钨合金的快速近全致密化烧结技术，显著提高了合金力学性能和应用水平。在电子材料研究方面，突破了高密度、细间距高端领域用无铅焊膏体系的制备技术，显著提高了材料的可焊接性和可靠性。在航空制动系统研究方面，成功解决了高性能刹车材料与高效刹车系统的匹配问题，大大缩短了刹车响应时间，显著提高了刹车效率，提高了新研和在役飞机飞行的安全性和可靠性。在 Journal of Nanoparticle Research、Nanoscale Research Letters、Materials Letters、Journal of Alloys and Compounds、Int. Journal of Refractory Metals and Hard Materials、《复合材料学报》《材料研究学报》等国内外知名刊物上公开发表学术论文 90 余篇，其中被 SCI、EI 收录 60 余篇，国际国内会议邀请报告 16 次，申请国家发明专利 15 项，授权 6 项，获省部级一等奖 2 项，教育部等成果鉴定 4 项，出版专著 1 部。

目前，刘文胜教授还担任湖南博云新材料股份有限公司、霍尼韦尔博云航空系统（湖南）有限公司董事长。

陈康华，男，1962 年 8 月生，中南大学教授、博士生导师，国防科工委轻质高强结构材料国防科技重点实验室筹办主任，中南大学轻合金研究院副院长，中南大学材料领域学术带头人之一。2004 年被聘为湖南省芙蓉学者奖励计划特聘教授，并入选教育部新世纪人才计划。2012 年获国务院特殊津贴。

1978—1985 年在中南工业大学(现中南大学)材料专业学习，获学士和硕士学位，并留校工作；1987—1991 年于中南工业大学材料专业博士毕业；1991—1993 年在东北大学从事博士后研究。1995 年升为中南工业大学研究员、2001 年成为博士生导师。2001 年作为访问学者在英国牛津大学从事纳米复合材料和铝合金结构分析研究；2002—2004 年作为客座教授在美国佐治亚理工学院、Louisiana University of Technology、The University of Texas at Arlington 从事纳米复合材料及其国防应用研究。

研究方向为有色金属及其复合材料强韧化、粉末冶金新工艺新材料。以材料中纳米相的形成、演变及强韧化作用为切入点，综合合金相结构与固态相变理论、位错理论、细观力学，发展了金属及其复合材料多尺度强韧化理论和技术。近年来，共完成国家 973 重大基础研究项目、国家军工配套等二十余项、其中连续担任三个铝 973 项目的课题组长。在国内外刊物上发表论文二百余篇，发明专利二十余项，参编著作 2 部。2006 年获中国有色金属协会科技三等奖 1 项，2007 获国家科技进步奖一等奖(排名第五)，2011 年获湖南省芙蓉学者成就奖，2012 年获中国有色金属工业科学技术奖一等奖(排名第四)和湖南省科技进步奖一等奖。

兼任湖南省金属学会粉末冶金学术委员会主任、中国有色金属学会材料科学与工程学术委员会委员、中国金属学会粉末冶金分会委员，粉末冶金国家重点实验室、硬质合金国家重点实验室和北京市先进粉末冶金技术与材料重点实验室学术委员会委员；教育部铝合金强流变工程中心学术委员会副主任，《粉末冶金材料科学与工程》《硬质合金》杂志编委。"航空航天用高性能轻合金复杂构件制造的基础研究"973 项目专家，"航空高性能铝合金材料的基础研究"973 项目专家及首席科学家助理；国家科技部 973 计划材料领域通讯评审专家和复评专家组成员、863 计划材料领域通讯评审专家、国家自然基金委材料学科通讯评审专家。

杜勇，男，1964 年 11 月 27 日生，湖南华容人。1984 年、1987 年、1992 年 7 月分别获得中南大学学士（压力加工）、硕士和博士学位（材料学）；1992 年 9 月—1993 年 8 月任中南大学副教授。先后在东京工业大学、巴塞罗那大学、德国克劳思塔尔大学、维也纳大学、威斯康星大学麦迪逊分校从事材料热力学、动力学及材料设计研究 11 年，在德国当选为洪堡学者。2003 年 1 月回国后被聘为湖南省"芙蓉学者"特聘教授；2004 年获国家杰出青年科学基金；2005 年入选教育部"长江学者和创新团队发展计划"创新团队项目带头人，2006 年被聘为教育部"长江学者"特聘教授；2007 年被选为国家自然科学基金委员会创新研究群体项目负责人。现任国际刊物 *CALPHAD* 副主编，*J. Phase Equili. Diffus.* 副主编，国际刊物 *Int. J. Mater. Res.*（原德国金属学报）编委，*J. Mining and Metallurgy* 编委；中国《金属学报》编委；国际相图委员会委员。中德"铝合金微结构"联合实验室中方主任（中德科学中心、中国国家自然科学基金委员会和德国科学基金会共同资助）；中南大学相图及材料设计与制备科学中心常务副主任。

主要从事相图热力学、扩散及界面反应、材料性能测定及计算模拟、材料微结构演变模拟及梯度结构涂层技术及其他应用。2003 年以来主持国家自然科学基金创新研究群体、重点项目、863 计划、中德科学中心国际合作项目等科研项目 28 项。

先后在 25 种国际刊物上发表论文 289 篇（第一作者 110 篇），SCI 收录 260 篇，SCI 引用 2102 次（他引 1892 次），并获专利 2 项。在美国出版合作专著 1 部。美、德出版的 4 种专著 *Phase Equilibria Diagrams*，*Landolt-Boernstein*，*Ternary Alloys* 和 *Red Book* 用多达 300 个版面收录了杜勇等所发表的一系列金属及陶瓷体系相图热力学、晶体结构及材料性能研究结果，并作为标准图推荐给材料学家。世界著名大公司，如美国 GE 公司、美国宇航局（NASA）科学家、欧洲尤里卡计划 COST507 项目的科学家、加拿大 Teck Cominco Metals 公司、瑞典 Thermo-Calc 公司等在设计新型材料时多次采纳和引用杜勇等发表的研究成果。

2010 年获湖南省自然科学一等奖（排名第一），1991 年获国家自然科学三等奖（排名第四）。2008 年获国际相图委员会最佳论文奖。近五年在欧美、中国举行的国际会议，作大会或特邀报告 25 次。作为大会主席组织和主持了中德第一、二届材料热力学及其在凝固过程应用的国际会议。共有来自德方 12 所高校及中方 16 所高校的近 50 位科学家与会。应邀作为 *Int. J. Mater. Res.* 两期刊物的 2 位特邀主编之一,组织和审阅了上述两次国际会议的论文出版。

2003 年回国后指导博士生 26 名,其中 14 位已毕业(1 位被选为德国洪堡学者、6 位在德从事博士后研究、1 位在韩从事博士后研究,1 位为中美联合培养博士,1 位为中瑞(典)联合培养博士,4 位为中德联合培养博士,1 位为中奥(地利)联合培养博士。2 位已归国博士后先后被聘为桂林电子科技大学教授和广西大学副教授。博士生宣读的论文 3 次在国际会议上获得最佳论文奖。所培养的博士生和硕士生中,现有 13 位在欧美著名大学(如牛津大学、瑞典皇家工学院)攻读博士学位或联合培养。

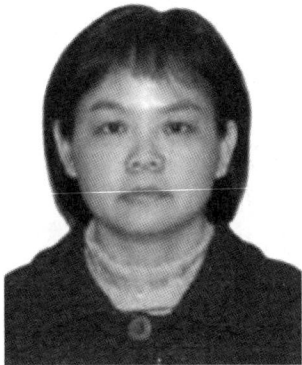

范景莲,女,1967 年 7 月生,1990 年和 1993 年分别获中南工业大学粉末冶金专业工学学士和硕士学位;1993—1996 年在广州市冶金工业研究所从事钨合金与硬质合金等材料的研究;1996 年 9 月开始在中南工业大学粉末冶金专业攻读博士学位,于 1999 年 12 月获得中南工业大学材料学博士学位;攻读博士期间(1999 年 6—10 月)在美国加州 Injectamax Corp. 从事为期半年粉末注射成形研究;2000 年 1 月—2001 年 11 月在中南大学冶金科学与工程专业进行博士后研究工作,2001 年被评为研究员、博士生导师;2002 年作为高级访问学者在美国 Rutgers 大学纳米陶瓷材料研究中心从事纳米钨基复合材料研究;2006 年被评为"教育部新世纪人才",2009 年获得国家杰出青年科学基金。

现任教于中南大学粉末冶金研究院,担任难熔金属所所长和难熔材料学术带头人、国家 ITER 专项 973 钨偏滤器专家组组长、湖南省纳米材料工程技术研究中心副主任、中国钨协理事、微纳电子技术副理事长,硬质合金国家重点实验室学术委员会委员、《中国钨业》和《硬质合金》编委。

从 1990 年以来,一直从事难熔金属材料研究,提出用纳米技术制备新型难熔合金新领域,发展了纳米复合粉末原理和技术。尤其是近年来,创新提出新型轻质难熔复合抗烧蚀材料的设计与制备,在超高温纳微多相复合超高温难熔复合材料的设计、强韧化和高温长时间抗烧蚀抗氧化涂层设计与评估等方面做了系统深入研究并取得重大突破,建立了具有自主知识产权的轻质难熔复合抗烧蚀材料体系与制备技术和评估预测方法,形成了具有特色的轻质难熔复合高温材料创新团队。相关研究成果获得国家科技进步二等奖 1 项、省部级科技进步一等奖 2 项、教育部发明二等奖 1 项等，承担国家重大专项、国家 973 计划、国家 863 计划、总装备部、国家自然科学基金等项目三十余项，以第一发明人已获得授权国家（国防）发明专利 17 项、已申请待授权国家（国防）发明专利 15 项，出版专著 2 部，发表论文二百余篇，论文被 SCI／EI 收录 172 篇次。

第 6 章　莘莘学子

6.1　历届本科生名录

表 6-1　历届本科生名录

届　数	学生名单						
1956 届	吕海波　卢大森　张庆青　张春阳　陈瑞芳　吴留宝　王秉毅　周元杰 彭度吾　周世文　黄春泉　秦　纯　赵继贤　舒建秋　宋光淑　邹瑞芝 宋瑞麟　林世雄　张荆门　黄国伟　方正伟						
1957 届	林　炳　林彩东　梁秉君　林景兴　黎树青　芦　静　黄声洪　胡正春 陈凤元　欧阳云彪　闻立铨　张克家　方名尧　周卫中　晏章武　何德强 冯兆云　姜会龙　王建华　邓　平　陈长春　赵鸣竹　赵寿贤　刘育洲 林佐闻						
1960 届	王零森　赵慕岳　张季蘋　李景顺　侯载钦　张瑞福　陈明升　曾德麟 杨守植　张齐勋　徐振民　王　祥　黄建忠　谭明福　邓宏才						
1961 届	段继增　姚德超　廖际常　王祖南　罗开会　杨年昆　郭炳贤　李炳青 刘庆国　熊作炎　林祥华　罗天福　张常生						
1961 届 工艺 3 班	王亚辉　朱启运　刘国纯　周妹林　彭楷元　曾佑鑫　刘开生　丘可昂 罗家斌　李开嵩　谭述义　汪本云　唐勋衡　欧阳国良　车济中　印协志 王伏生　辜昂邦　黄志清　刘汉雄　冯崇全　李亨荣　漆登辉　陆华邦 陈楚邦　刘华英　黄义章　刘心德　刘道国　李庭芳　王仁康　蒙志善 相亚民　李庆兴　周泽礼　谢长松　陈　伟　朱凝华　李必凡　胡锦春 王李华　殷　声　沈　健　毕保宁						
1961 届 工艺 4 班	马忠达　张宝春　史家后　丁立新　徐绍臣　滕立国　冯炳超　宋佩珊 金永伟　黄绍成　封永和　邦俊清　邱广慎　赵仕成　赵维臣　魏庆玉 张甲彭　李德义　徐宝瑞　杨守文　崔维忠　席佐钧　隋新甲　贾玉章 李景坤　梁福山　王宏珍　张汉文　宫俊德　王玉秀　刘瑞林　何文贵 王步云　张雅文　王永发　常德思						
1962 届	刘玉益　刘光俊　陈建国　李亮宏　李进德　李焱发　张福生　黄义铭 黄校先　彭日登　周玉林　莫杰新　王兴华　徐韵科　袁日泉　袁立泰 郑广濂　聂安之　文丕森　丁　键　余北樑　陆远明　廖定雄　王维英 屈子梅　王国栋　李世荣　李世光　丁莉芳						

续上表

届　数	学生名单						
1963 届	彭宏旺 刘康美 张贤佑 王才德	牟科强 刘树楠 郑国樑 黄汉铨	董瑞英 林　香 曹湘斋 王禧质	唐克强 管国良 陈树林	李蔚楚 冯瑞棠 孙达胜	李雨保 蒋美珍 易家明	李景忠 钟锦生 吴礼中	李溪滨 张彬娇 余国华
1964 届	步丰满 谭益钦 李宝生 刘慰启 黄凤珍 张金池 匡守荃 李东成	彭南香 罗厚智 李银州 刘国兴 屈敏君 陈举璜 雷有森	潘志仁 雷长禄 李耀南 刘家尧 谢蕴瑜 常淑华 崔海山	范富贵 凌兴珠 刘佛灵 刘　涛 周绵长 文菊华 宋安国	邓　福 林进喜 刘心创 洪杰仁 周良才 伍本德 伍　忠	艾玉青 吕耀坤 刘志刚 胡启祥 曾祥新 田　微 杨永连	段天慧 梁铨辉 刘翠青 韩逊滨 曾令强 王茂盛 唐民生	谭映国 李瑞林 刘玉亚 黄腾政 张春林 刘　电 王龙溪
1965 届	戴履先 何谓铭 刘庚先 宋砚玉 王玉秀 曾照焕 周子礼 黄尚文 欧阳维忠	董学枫 胡正杰 刘家宗 谭端明 吴训珍 湛世芳 朱国惠 乔凤芝	范勇英 姜克勤 刘穆荣 谭建安 伍春华 张正德 朱新生 张义印	方向威 蒋金贵 马明章 唐基凯 徐易成 张子凡 朱云胞 姚洪根	管冬慧 井孝荣 孟昭祥 唐荣甘 杨建国 赵树荣 朱召华 梁金童	郭克生 李应泉 杨金耀 王春星 叶海祯 赵　雨 王壬寿 蔡明鑫	郭遂章 粟海凌 潘秀林 王焕元 尹循亮 郑常阁 盛水梅 邓前龙	何光楚 林太顺 舒训春 王浦生 俞诗荣 周东海 汤银元 李瑞英
1966 届	张用信 蒋祖福 盛健全 尹南生 杨君强	周喜生 毛彩菱 丁祥良 彭方才 李年春	易林清 何万罗 薛孝林 莫玉琛	蒋书曾 刘梅珍 凌林德 文蘋龙	监桂璞 梁经树 蒋远新 谢明净	俞　明 伍辉光 范敬阳 刘国荣	徐正盛 宋善章 吴广献 苏来聚	舒小方 张如明 袁建业 刘光跃
1967 届	柴崇协 罗振中 周南方 王忠修	李来荣 陈煜贵 李光成 袁群辉	肖瑞元 全贵安 曹启树 谭爱纯	黄玉兰 伍志明 孙宏义 胡愈安	唐植林 肖启一 章祖斌 石明星	袁蔚明 王志强 吕志惠 周廷照	刘承生 夏翠英 赵侃仕 吴琴书	周盛安 肖庆洲 黄维聚 向　钧
1968 届	龙运才 蔡星南 炬允学 李振生	胡茂中 李国仕 莫乙青 谢政卿	文映湘 李望梅 杨仲初 吴朝铭	李世伟 龚安南 曹兴能 黄应潮	朱早生 周永平 曹康霖 张传忠	吴觉先 邓育林 谭金起 涂军道	张崇武 江金根 伍发源 张浩群	王玉琴 谢世朴 董玉华

续上表

届　数	学生名单						
1969届	熊春林 李森蓉 胡德华 袁国洲 陶明庆 钟长庚 翁玉先	唐汝英 刘启本 李裕顺 刘希从 余德潮 陈建华 龚长升	刘正漆 曾祥桓 何火生 吴和元 谢立高 李和珍 曾云腾	熊广友 郑训堂 李永隆 曾扬暖 刘国庆 郑桂荣	黄顺生 易德成 梁作仁 楚保林 林宇民 吕明阳	文子惠 吴玉华 王成祥 冯凤鸣 潘树根 肖守规	张甫政 张助英 曹炽昌 黄伯云 刘敦文 金胜利	陈效田 文桂香 陈振华 李敦华 孙克斌 李世乐
1970届	欧应龙 曹正松 罗　肇 付仁生 高建荣 左望东 肖邦泼 蔡正荣	苏念平 吴成桂 甘燕平 余汉保 郭若东 冯明魁 朱希贤 周昌圣	凌嗟如 王正平 赵明德 周永怀 赵天成 张新灵 郭宝福 彭善福	周土香 钟昭远 杜元芳 周村元 赵占美 王来堂 朱鸿珊 娄　彪	陈金顺 韦耀武 黄泽培 刘楚元 黄绪凤 庞士芳 龚冬水 李吉安	何佩霞 黄绍仕 朱锦序 王凤瑞 许第斌 柳玲子 梁玉平	王训钦 谭　锋 李秉玉 陈初开 罗树根 严青山 姚先鉧	郭晏清 王长明 董桂兰 韩新民 高铁雄 罗开桂 唐世沅
1974届 （试点班）	张庆生 易新贵	刘兆信 唐建成	韩云厚 宋维杰	王文福 蔡寅生	王明珍 刘多俊	杨琼英 汪哲海	龙映娥	姚本胡
1975届	张静宜 梁会文 丑广民 蒋辉珍 欧自松 刘素琴 罗亮德 李菊香 黄国志 周晓梅 叶小波	刘汉华 祖爱生 曹其光 罗彩英 原俭峰 朴斗万 祝华喜 陈献明 吴炽炎 赵华华 李从新	张芳萍 安立新 张学培 向伟奇 邓振英 崔畔明 沈　军 陈海生 张阳生 谭德君 易树林	唐永凤 陈兴发 宋广茂 刘华珍 江宏福 刘正国 李生泉 魏桂春 邓玉香 魏　杰 乐平均	徐惠生 王书印 李才元 葛有方 唐利民 殷京良 张纪生 付兴龙 刘桂兰 谢健全 张　帆	刘玉珍 张瑞芬 江炳生 李小平 朱志光 屈维勇 陶先罗 祝向主 肖巧云 易钰源 邹赤兵	赵德兰 成元安 耿　奋 张玉华 储美霞 徐洪林 吴昌仁 王晓忠 喻海燕 杨细毛	姜国华 樊　毅 杨　斌 张宏翠 张素芳 徐国发 徐国祯 吴燮勤 陈清平 王延飞 盘登标
1976届	李启明 安卫华 廖灿长 张　荣 李文清 蒋清旺 全朝海 刘光荣 孙英培 刘国平	何仁春 蒋素珍 张金善 赵桂生 陈桂兵 李逸秋 马燕生 王兆林 汪树仙	段继光 郑培福 吴桂荣 张　进 贺安安 杨永洲 陈绿华 刘瑞理 骆立群	文艺纯 赵新民 孙琳珍 李鲁明 黄任生 刘广敏 朱徐生 陆汉琼 何生发	刘宪伟 伍先奇 林俊权 李开云 王本秀 杨立生 陈庚娣 蒋永才 张昕光	周玉华 黄金生 谭光荣 段正元 朱凡里 钟国强 杨明华 高永玲 王三全	张群祥 彭禹和 申代秀 张仲和 张兆森 许伦章 曹祚环 林金瑞 马　勇	卢伟民 邬俊英 林明灿 鲍燕生 骆相文 颜月娥 佘旋竹 王小云 胡冶生

续上表

届　数	学生名单							
1977 届	毕有文 黄双顶 吴义斌 杨益民 宋伟民 邹翠群 刘玉龙 魏玉国 麦华珍 赵国清 陶鸿洲	沈秀芬 孙官科 付成 陈晓玲 朱泽忠 杨荣光 毛其友 梁杏芬 张炳成 刘建华 魏秀兰	冯建能 王富来 黄德全 沈绍文 曾庆贤 黄健康 秦基太 李光群 张布 许宝林 戴德辉	仇德英 陈彰旭 游吉媛 肖建华 杨健康 蔡建良 靳常喜 刘楚钦 吴峰 张光荣 程亚平	蒋芳进 袁和平 刘纯 李旭成 单岁元 刘继忠 欧阳福 林庆萍 阮建明 张民勤 朱承红	李满春 陈细娥 彭运湘 卢林仙 梅庆华 尹火生 宋叶 邓佐清 尹庆安 陈文斌 刘玉芝	谢群 谢松柏 钟桂芬 王家如 史纪跃 翟志斌 胡贤照 黄志平 冯军 邹三宝 舒德全	邱二宝 陈海荣 田亚非 张建平 段惠云 蒋小虎 侯玉满 李举南 彭巧军 赵兴 占仕华
1978 届	郭永茂 梅兆明 段建初 冯祥立 朱金凤 阳国君 刁正德 黄积成	庞小凤 薛燕华 任自朝 靳崇高 丁全彪 朱朝平 曾家权 闫亚菲	梁斗成 谭广明 李文荣 罗富权 郭卓娅 陈乔静 王财顺	周德坤 吴志忠 秦遂香 付镜 叶林 邓万平 蒋于波	李德章 袁卫华 吴贻琨 崔龙春 相明姜 王克成 齐利军	邓湘华 张建斌 郭保民 郭秀兰 王宝亭 孙润生 刘艾强	王章平 聂鑫 刘鹏胜 李裴玉 王兴庆 邹国生 艾玉年	李曼群 金德辰 贡保林 刘水旺 毕生亮 李淑玲 任八成
1979 届	张桂英 张文生 李茸 杨尘 陈丛林	张亚利 杨忠军 黄镜耀 黄荣庆 李秀丽	董聚水 林贤明 黄亮英 刘生成 张捷敏	明利 李旭 刘云 曾仁华	邓林通 徐良斌 刘明 郑军	张万利 闫建琨 王玉山 陆樟生	王成芳 梁光炎 黄铁光 曾古桥	夏丕高 周序科 王绮丽 姚庆松
1981 届	罗巧珞 王兆广 冯丽军 石宇方 何安西 胡建堂 章音 蔡一湘	苏光浩 陆惠琴 付志云 彭绍雨 张伟 罗子应 李宇明 陈冀群	杜登明 全三元 郭明玉 黄智江 马小蓉 肖心竹 彭涛 丁华东	谢湘川 黄建设 罗盛元 莫盛和 高家诚 柳术平 李品 龙建强	李英杰 邓小梅 冯庆芬 李洁 戴祖壁 浏小兵 马顺成 马东生	张永锋 李凯珍 方民宪 张锋 周体勇 谢维仁 周敬佩 林娟	刘振华 范小明 苏华 王爱华 陈强 刘伟 刘湘定 林达	杨金海 李少平 谷亩 黄庆 李英毅 唐凤姣 马强

续上表

届　数	学生名单						
1982 届	晋伯文　陈　涛 陈　刚　付文彪 李　屏　李　强 邓小楚　封方东 王鸣俭　毕　华 任慧莉　劳善文 肖刚华　卢仲明 刘　刚　黄菊生 颜建辉　朱伟宏	郭创立 徐尔森 胡晓拉 张忠健 杨伯华 胡海波 梁　平 胡妮玲	赵晋林 党　益 刘　平 董耀明 李詠侠 丁万山 周树高 兰　恒	张云庭 郭广艳 文　述 肖可夫 邹　丹 易长宾 王　云 孙实欢	师金然 王晓玲 骆昆仑 吴志能 陈康华 周旭东 廖群洪 杨小玲	王　伟 刘　沙 姚学祥 陈　颖 陈敏洲 羊建高 彭伟桥 陈焕贤	陆德芳 张　萍 袁国良 易丹青 杜　材 徐绍兴 闫光明 卜伟兴
1983 届	李启芳　蒋向阳 蔡　静　郭维强 郑维伟　彭世超 郭书建　赵永立 毛　健　党胜云	刑智华 宋玉林 吴仲海 张继忠	吕福星 陈　斌 周连科 伍　虹	宋振波 熊　翔 邓　谊 蒋泽南	汪　琳 易屏华 石　裕 孙培松	杨贞伟 冷中书 周育光 张　承	施洪波 朱方才 黄建辉 江元生
1984 届	曾克里　张小松 曾欣荣　陈　珪 丁枢华　周崇建 李明生　凌　彬	李秋娟 谢康德 邓志勋 范永敏	郭亚跃 陈利民 陈　清 张　玲	张　立 杨永春 钟景明 吴国根	陈双建 杨　清 刘继业 陶小平	张　帆 杨海涛 张　红	宁　波 文献军 吴理觉
1985 届	王茂青　周兴灵 谢建秋　邓秋元 彭　丹　陈爱华 杜建国　江秋文	杨志雄 彭希林 万志安 徐泽庆	林国标 杜　平 李春梅 吕自立	陈寿南 李莉林 陈　维	雷正平 曹建平 郭小军	曾胜清 宣红梅 杨华斌	吴厚平 邬晓卫 林文松
1986 届	孙继铭　刘福平 严德成　曾念树 王　娟　周靖竑 王淑怡　王林生	陈致镇 刘威湘 李氢三 孙本双	罗达成 舒永春 谭英俊 温金海	范荣楼 胡建军 胡　源 易健宏	孙爱保 陈柏新 曹先杰 于小均	张怀泉 陈刚中 时晓明 陈雪原	唐　兵 姜　宁 赵德喜 郭　欣
1987 届	林增玲　陈清波 林景云　刘志方 禹辉锆　吴庆定 杨万夏　王慧群	尚玉杰 李玉斌 李建强 谢　勇	冯卫忠 郑二榕 高　耿 宋　利	张家敏 李信平 周　坚 胡　双	覃伟竖 于玲珑 张东方 王恩清	林　峯 汤慧萍 陈　军	莫如敬 曹顺华 王松涛
1988 届	李剑平　陈红卫 余庆高　汪　昊 胡慧丽　廖有良 易晓清　李炳山	李改之 黄加伍 常新春 田　平	张　晋 汤平凡 张　清 苏燏生	刘田保 金文华 肖捷音 庞前列	贾　巧 刘超良 张祎华 方伟清	叶典舞 蒋小芳 陈　斌 张庆伟	扈丙值 李　骏 周永贵

续上表

届　数	学生名单							
1989 届	刘霞彩	赖复兴	张文浩	凌奕伦	张卫兵	向小兵	冯潼江	孙　亦
	杨国英	彭　文	张　英	罗　雄	戴华峰	蒋　宏	梁　威	严　勇
	汪劲松	曲小民	王继勃	李聪瑾	邓　玲	谢屹峰	符　芮	阙湘峰
	赵永骞	马自省	杨　红	王慧英	刘云霞	陈旭曦	何　康	葛　渊
	吕振东	李慧雯	林　权					
1990 届	张　兵	周飞燕	周红翠	罗亚斌	田长乐	谢志刚	王增民	孙　玲
	王　涛	宋大军	王　莉	杨　晔	齐玉清	熊　慧	周嘉玲	彭立安
	汪志超	罗明刚	张敬利	张　越	李明怡	刘文茂	吴　军	段毅鸿
	庞爱国	李　玲	王战宏	祁宝忠	贾雪茬	肖维列	廖太红	宁小群
	谈　萍	牛连奎	郭国立	申建中	王有林	苏凤戈	刘　莹	易　旸
	陈飞雄	孙俊涛	张福齐	吴红华	陈黎旭	吴棕洋	蒋守高	熊维钢
	谭显铂	曾祥勇	范景莲	夏　晨	孙东平	罗百稼	邵　俊	潘建根
	张志峰	黄国华	张力晖					
1991 届	阳建宏	袁兵云	邹国文	黄军武	倪泽胜	黄向阳	姚天明	杨建国
	桂文涛	彭卫珍	陈祖华	肖红波	刘　红	晏红波	刘向中	毛昌辉
	徐学军	曾铁初	贺　雄	刘长春	曹学魁	李东方	赵卫东	陈玉娥
	阳维巍	刘军民	马庆丰	刘海英	瞿雪林	周明智	刘丽华	江　洪
	孟庆芳	蒋海斌	汤执文					
1992 届	蒋　剑	邹翠高	何文涛	陈丽珍	周结才	唐美英	周忠强	刘学文
	温东强	王铁军	肖捍东	王　磊	李红梅	陈一鸣	欧少华	杜晓斌
	刘　强	车　骥	胡　晖	张炳林	林少光	张俊红	杨志军	张　豪
	郭志强	杨　洁	颜　泓	李继春	唐　刚	冯大林	陈　峤	谭　钧
	朱宏伟	唐卫国	彭兴文	廖寄齐	龙浩芳	尹平玉	彭信辉	张小武
	黄　飞	张立华	袁　玲	倪　群	杨　帆	刘世民	何　亚	王　荣
	陈　炤	娄烨明	吴璧深	王永朝	刘文林	谢　鲲	陈绿华	彭金剑
	陈志坚	王秀飞	陆　捷	黄　新	彭　晖			
1993 届	胡　燕	黄龙萍	杨世珍	杨振江	孙尚华	苏　娟	谢卫民	罗　娟
	胡维斌	吕　飞	庞祥梅	欧红坚	彭忠元	全横山	刘浩波	瞿海锦
	陆俊华	刘　咏	詹志东	罗启林	刘　志	兰　斌	李先容	侯凡程
	王利民	郭莹辉	石少军	李　季	徐　麓			
1994 届	欧文沛	王新平	舒　军	雷越妹	刘庆峰	陈　霞	龚高飞	谢四平
	徐　浪	阎　谦	龙　雁	彭维平	杨　成	汪建昌	龙艳琼	李　强
	贾玉斌	刘　静	林武辉	颜寒松	陈伟玲	刘　伟	李春磊	陈　刚
	黄军红	李　丹	隋新生	彭　茜				

续上表

届 数	学生名单						
1995届	唐 珲 杨汉民 李方生 王锡胜 梁金龙 刘如铁 沈钱芳 钟海彬	尹会平 刘 明 覃建华 王宗华 冯建伟 喻煊文 吴建兵 陈媛媛	曾 柯 谢 军 胡万才 李 册 覃向忠 黄 键 王 静 黄赞军	伍国良 乐红胜 戴次飞 刘中华 黄国柱 朱文波 曾 明	姚兴旺 吕贤勇 毛 晟 杨 勇 高道勇 冯祥斌 陈 锟	赵立夫 杨维才 旷双云 罗建桥 王守伟 张士君 朱 磊	肖亚军 麦 涛 冯斐斐 解惠贞 张 健 涂元满 曹 刚	李金中 范伟波 王 翔 杨剑辉 龙亚飞 张 平 尹 飞
1996届	吕国争 娄会敏 石生荷 李 重	罗立平 龚举成 张 敏 许雄亮	刘云波 胡业奇 佘俊杰 屈广林	李志林 刘咏良 李仁琼 李习诚	金 米 彭水华 杨力洁 陈沁协	伍志昌 周 景 徐 波 仇 伟	肖李朋 陈 杨 刘家礼 张厚军	刘 燕 张 湘 欧朝霞
1997届	薛 君 卢仁伟 卜 勇 杨雨来 黎庆军 张兆辉 李全胜	李光锐 段满堂 唐海英 钟剑龙 李 曼 岳增君 罗 浩	匡怡新 方善锋 李振强 向中元 邓有滨 韩 东 钟素娟	何 昊 陆 安 韩红卫 谭永胜 吴 敏 肖 勋 刘 勇	袁光深 陈秋英 杨照森 黄富春 文 晓 唐华芳 王开军	唐黎明 李 勇 李云平 李江鸿 钟 波 岳振宏 王云坤	罗 鹏 张 平 钟 伟 李志友 于 伟 梅 华 刘光胜	李丽娅 彭元东 谭 耘 袁翔飞 杨建伟 曾守富 黄芬芳
1998届	容 斌 李建军 袁昊峰 李来平 孟艳娟 周俊红	吴爱华 王 宇 张 富 钟胜伟 高海燕 黄树发	张世海 刘亚西 朱 亮 罗 胜 邬均文 香钦怀	方义平 曾兴敏 杨晓青 黄英华 温宏宇 吴良臣	胡伟晔 张武装 王 勇 张志民 刘峰嵘 郭衍龙	黄瑞其 刘学君 游建军 孙立会 汤密军 卢彩涛	严武华 何小松 周 济 刘丽华 唐 鹏 张景鑫	张学军 王建勇 孙云涛 丁志勇 赵仲泰 张国洪
1999届	王 成 彭春兰 祁三文 吕豫湘 周 俊 李小林 梁计鱼 廖思舜	敖 晖 张勇根 谭成波 段建鑫 欧阳艺 高海燕 武志东 黄 戈	陈 钢 张玉书 李晓明 朱宇华 邹建武 李春平 郭 凯 吴 博	朱东波 杨东升 柯长旭 刘 江 王忆民 赵洛洛 朱永利 候远政	王怀刚 徐从京 崔耀国 李 强 汤春峰 赵学琴 易 明	林映红 郭介能 江 玲 李彧喜 韦君良 汪 飞 杨慧敏	季 祥 沈文法 窦晓飞 杨 跃 贾国肖 黄云萍 王立伟	潘运娟 袁 勇 杨轶坚 王祖娟 方 玲 梁文龙 晏 平

续上表

届　数	学生名单							
2000 届	朱立荣	唐新文	高建祥	种　晋	莫建国	刘方亮	李　松	王林山
	赵声志	周宇清	方　华	郭剑峰	刘　锐	郭　瑞	黄　涛	兰　磊
	倪雪松	徐志超	王旭波	覃红霞	蔡　瑛	秦国超	洪卫明	赵　晶
	冯爱玲	胡云峰	钟　耿	黄开敏	周大桥	胡许先	李兵虎	甘可可
	毕桂保	王利伟	何双珍	邹煜征	郭曙峰	韦伟峰	聂　妍	罗述东
	刘克建	叶　佳	李　健	冯一雷	胡亚宁	王剑峰	胡　婧	张　静
	陈杜珊	郭永刚	陈学清	赵　莎	李军义	闫立奇	毛建成	
2001 届	李亚军	肖仲文	姜　峰	黎正科	喻　岚	林迈里	向　宜	王海兵
	梁虹龙	祁万章	李世稳	张宗堃	李晓东	何庆辉	刘邵生	钟军华
	安新奎	张晓泳	石　刚	胡化文	胡宏勇	陈　俊	覃　俊	何乃江
	刘　德	陈立宝	苏东瀛	南　灏	陈　洁	杨　锋	钮　坚	陈　利
	尹　健	舒艳兵	雷　浩	邓　理	陶　可	徐纯芳	邹耀斌	林　东
	汪登龙	马　静	王丹丹	周　毅	高彦波	单小宏	郭晓峰	刘　伟
	张　雷	任芸芸	岳建岭	邓婵章	韩金鸽	刘　军	李建云	汪秀全
	刘永成	张劲翔	聂文万					
2002 届	丁潇潇	周小霞	严德剑	遥志刚	陈　峰	蒋小松	冯泉林	陆玉涛
	龚向军	刘　芳	李炯义	张海波	吕栩锋	蔡华刚	吴庆军	赵福安
	董建华	陈海林	李金偒	章　林	郭　晟	曹　丹	黄原平	周志光
	闫志巧	宫　芳	向其军	赵　妍	钟　玲	江　垚	石晓云	秦卫中
	李素容	曹正华	林小芹	何　敏	周　仲	徐浩翔	张　伟	郭　平
	徐　丽	吴湘涛	陆龙驹	张路生	石　涛	宋春艳	樊　亮	曹建虎
	郑胡平	尹　健	邓静雪	胡世铁	向长淑	李志希	雷云兵	彭　可
	刘　兵	林信平	胡治国					
2003 届	韦　嘉	罗春峰	邓　清	曹　竞	杨剑峰	林于莞	廖奇音	徐军达
	郭伟信	李枝林	王　浩	龙郑易	夏伦刚	藏正安	谷国辉	王蛟蝉
	宋宇阳	唐　磊	王代雪	朱　武	李　侠	孟　笑	王　伟	杨　雪
	周　霆	徐　剑	马福林	夏恩华	雷　菲	王宝飞	陈忠文	任　童
	陈利军	陈大刚	杨文杰	王　俊	魏定池	邹　亮	盛小娴	欧阳杰
	蒋笃能	任　斌	缪　群	屈哲昊	陈成艺	黄启述	刘　阳	王亚东
	康　飞	袁　斌	谢　飞	李　博	卢耀开	黄乃禹	何　浩	陈　静
	高　莹	单　泉	朱晓萌	万　千	唐作章	夏广斌		
2004 届	余文焘	张　新	杨　阳	郝　权	陈　欣	刘敏锋	皮　雄	刘　莹
	王正泽	孔　燕	杨　斌	张华兴	郭　权	杨绍全	蔡志勇	蔡大卫
	邹锦成	吉　彬	肖春平	曹水来	杨洪刚	温　强	袁　菲	杨奇琦
	李　丹	刘树红	胡有石	谢　湛	朱　伟	肖　琼	方华婵	王珍萍
	杨百元	肖　波	艾宪平	曹　靖	李占涛	肖攀举	吕凤刚	黄　智
	田　平	陈志官	陈仕金	李　云	熊　伟	张建德	斯晓峰	李　林
	黄虎军	张　晨	刘敏生	邓秀坚	李东荣	黎　铖	王雁洁	刘玉龙
	吴　昊	王宝锋	张洪舸					

续上表

届　数	学生名单							
2005届	王朝安	谢继峰	谭彦妮	吴迪	王文利	龚伟	马莉	彭石高
	刘洋	罗峥	李映琅	翟伟生	张澜	崔永涛	王一帆	游峰
	贾永昌	方京华	朱彬	闫文明	陆延静	张艳丽	邹仕民	何晓璇
	李丹丹	吴庆鹏	何海龙	王乐	温海楼	熊洁	龙日均	
2006届	武艳君	刘慧强	陈可杰	邵义磊	邱敬文	唐晖	荆鹏	李福祥
	卓镇区	李文超	刘飞烨	罗旭	裘利铭	张广腾	郑琪	王元杰
	常新	喻婷婷	匡雪冬	余贤旺	杨文乐	谭瑞轩	孙超	王玉峰
	任鲁宁	李倩	郭利彬	郭力	杜春辉	汤健铭	彭芬	吴永路
	庄晓璐	李艳琼	张超	王建	于永亮	王辉	冯颖	张振兴
	魏伟	李锐	黄海辉	温雪清	徐朝政	刘宁	曲中兴	杨晓亮
	张娟	杨钟存	陈涛	陈丽芳	胡幼华	张德金	潘孝军	徐磊
	王涛	魏盈盈	张林	李丰	文岳钢	李剑波	蒋忠兵	岳静
	彭光辉	刑钰	李玲玲	蔡永生	赵静蕊	赵万军	李洪光	祁美贵
	郝彦	田伟光	戴赫	官怀远	彭景光	钟康成	张秀芳	武小彬
	方建军	曾惠君	潘柳军	贺麒	刘婕宁	黄维华	黎游	黄嘉
	刘冠宇	吴彬	向琴	王志普	沙莎			
2007届	俞济芸	贺平华	罗俊杰	李美玲	杨正琳	孙五四	孟康龙	卢静
	徐芸	陈康康	贺柳青	黄灿	黄海锋	陈明军	罗业聪	周乐平
	赵世伟	伍玉琴	迟百强	杨伟德	刘秋婵	黄巍	郭颖利	王山峰
	孙伟华	余欣	苏兴智	齐志鹏	朱艺添	温玉仁	赵立研	张皓
	童晓阳	谢元彦	何天贤	丁飞	肖一鸣	张佳佳	付胜	曾昭易
	王涛	韩国明	邓晓	李挺	何方	喻万景	崔鹏	叶登峰
	刘海军	陈宗平	何艳	陈双琳	赵瑶	毛海娜	徐海峰	王振波
	王生孝	张瑜	曹扬	贺臣明	王琼	贾守亚	张海峰	李文军
	王栋	王浩然	杨军	杨永琦	金东杰	刘聪之	汤盛龙	陈龙飞
	张珍桂	韩云娟	解路	张炜炜	程文涛	彭书科	陈孜	卢明园
	许凤菊	麦味	骆骏	曹卓远	裴忠泉	杨芸芸	洪德军	刘琦
	郭子磊	倪国华	张本固	吴海明	梁超平	杨亚杰	刘建军	刘卓明
	朱松	舒学福	曾毅	鲁攀	祝国星	贺蕊	阮金福	陈飞
	覃光明	龚仲宾	吴静	李为	傅昆	黄蓉	王伟	侯海涛
	韩勇	王宇赫	张国梁	岳宗坤	汤烈明	孙晓冉	庞羽	白锋

续上表

届　数	学生名单							
2008 届	娄　静	武发绩	赵晓瑞	唐　莹	周良才	王　坤	吴　靓	关森嘉
	王湘粤	徐　伟	孙　沛	杨晓艳	蒋伟健	黄晓君	李　凯	林作波
	刘辉明	常　通	王光耀	谢　睿	徐飞飞	袁　振	王田军	莫　畏
	周思敏	赵伟焯	夏　虎	张　妍	单　成	刘有长	熊　亮	黄国基
	龚　星	鲍寅祥	张端锋	赵学嘉	潘　辉	王　燕	周昌亮	刘　伟
	樊哲琼	王体梅	甘信峰	万天强	岳葆林	段　好	张　骁	阎换丽
	位倩倩	徐小严	廖二冬	杨丹丹	吴　岳	胡建涛	杨克勤	刘　攀
	王会冬	王若甫	白　玉	李鹏飞	张　敏	李　广	阎丰凯	刘晓亚
	韩　超	郭　瑞	楚玉东	王　辉	王聪伟	封　范	岳　鹏	徐述荣
	梁　强	鲍业旺	王　明	祝添力	向　勃	吴正刚	曾昭化	曾凡凡
	程　鑫	赵　莉	常新利	肖　阳	陈　成	易　慧	王　艳	陈　赟
	许雯婧	王　博	任现东	肖恩凯	黄运权	高　翔	戴正飞	孙雪洁
	吴曾彦	刘　毅	万　袁	占　迅	姜　浩	李兴彦	周晓杨	沙春生
	陈春辉	节云峰	王春燕	李浩鹏	张　超	林俊峰	杜建波	蔡青山
	潘　文	张　聪	刘小明	陈晓燕	王玉林	杨　波	廖跃辉	梁玉冬
	谢光玉	张传旭	冀世忠	彭　柯	简乃文	彭　鹏	杨广宇	杨斌云
	刘新利	王　丽	柯云宝	徐露露	王志高	吴春涛	吴浩波	王　笑
	王艳春	王　斌	常可可	陈　昆	杨文智	周志辉	段永超	张刘杰
	卜　洋	杨　玉	方于虎	祖利国	杨　佳			
2009 届	刘一浪	陈　超	钟　莉	杜伟哲	任佩栋	俞长洲	罗学昆	李　健
	龙曾成	余文凯	汤建华	梁志宏	刘风光	欧志斌	高克文	何　薇
	熊慧文	张浩泽	袁丽媛	杨可欣	王方秋	张　鹏	金　彪	何振威
	王　锐	孙莹莹	沈红仁	刘　岩	张伟彬	张　双	汤闵枫	马　鋆
	许世娇	于　奇	房　啸	刘时群	刘宇哲	陈信锗	李青青	黄　东
	尹艳玲	方　旭	李杳奇	张　洪	韩　朝	李玲玲	白　波	周　鹏
	任晓虎	李　飞	张　超	鲁　俊	斉　楠	张　彤	王　宁	郝振华
	李晓峰	王　昊	吴小伟	谭　政	李文升	刘　蕊	高　朋	王　敏
	袁晓虹	刘孝飞	郭　薇	王　翔	王　军	靳余毅	陈　超	刘　胜
	卢秋菊	王　曼	李　婧	张　泉	吴晓诚	汤　炜	周雄蛟	李淑闻
	张　斌	罗　健	任圆圆	李亚林	刘鹤安	何斌衡	朱　丹	李文波
	张曙光	杨　益	邱腾飞	马　超	慕泽文	刘逸众	王文渊	鹏海丽
	李清文	彭幼林	石有亮	周立岩	张　玙	李荣付	杜　丹	陈　玲
	王文轩	刘　涛	傅恒毅	占建伟	张　雄	宋江凤	谭永菊	刘晴超
	李丙菊	张　平	易　磊	卜梦婕	孙文燕	李　旭	何信昕	衣　芳
	王饶创	陈仲雯	王　璐	罗学兵	周启艳	曹建成	袁志伟	姚　云
	王小芬	瞿七军	江　庆	石玉斌	龙路平	徐兴军	潘王虎	林三元
	黄松博	李文娟	邓　涛	王业勋	蔺瑞东	迟艳通	李维杰	黄　湘
	吕　伟	卢　艳	郑逸锋	刘英英	耿书宾	伍青松	陈　蓉	谢　莹
	刘碎云	孙加宝	陈昭庆	崔森林	李　娜	贾　乐	黄倩芳	

续上表

届 数	学生名单
2010届	魏云佳　郑春晓　李天书　蔡洁洁　王章维　何旭文　陈　春　钱　昭 曾逸慕一　毕海莲　李　斌　唐国龙　朱　杰　蓝　楷　郭伦文　李　锴 皮静武　钟西舟　朱彩强　庄后荣　王广楠　余　淮　石世武　汪　雪 唐耿宇　梁健俊　张林祥　朱国豪　吴　敏　刘唐冰　张　锐　王振江 卢　斌　张　立　董奇夺　张之阳　朱孟勇　陈　鹏　王　贯　刘忠庆 史志武　王少卿　王　雷　郭垚峰　郭殿月　李光辉　焦小亮　陈　冲 殷　超　王永刚　周必成　薛福泉　杨昌麟　李建波　李永君　张秋实 许兆选　王占坡　江　丹　李善伟　牛　森　吴　昆　王洁琼　高　勇 赵仕林　王哲秋　李　刚　严　威　孔　冉　孙超凡　窦玉海　宋　旎 南　晴　贾永华　向　恒　廖　敏　张全军　辛海艳　潘文强　谭慧强 刘慧远　赖天苗　商毅龙　高　爽　徐　晨　欧　文　刘远标　焦　磊 黄　嘉　杨　坤　于露润　孙　昊　解东梅　宋　然　曹燕飞　陈　磊 王振威　西宇辰　彭　进　宋　琪　王　菲　欧小琴　申婷婷　杨　洋 黄　啸　李大鹏　詹艳峰　陆炽威　赵　文　胡竞之　郑海峰　卫海瑞 张　杰　杨　娟　李　明　曹　擎　林先伟　杨彩娟　李　想　杨紫昀 杨宝刚　肖金坤　陈亭亭　于　娟　赵　林　何维樑　于昊龙　彭　俊 区春兰　李　旭　邓　雄　莫治顺　陈　燊　邹琳君　黄晓川　李文渊 王艳艳　肖祥凯　李爱坤　杨忠臣　刘　业　吴　巍　邓　勇　王雅茹 蔡珊珊　解明伟　刘　超　康航彬　王凯风　付　凯　周文艳　尹　明 韩青原　黎彬彬
2011届	王　珂　郭　典　周道武　朱元昌　阳　飞　周天一　郝晓宇　黄丹丹 武韵琦　曾艳莹　刘昊阳　赵　玮　李亦楠　吴　恒　谷　磊　陈佳能 钟　平　王健宁　黄拓夏　韩　萌　马　超　李布楠　瞿智明　姜　明 曾琼玉　刘文涛　黄　枕　张乾坤　胡　蓉　孙　森　胡　鑫　李艳红 刘　洋　王　璐　李佑福　骆金龙　陈　林　王雪晴　李　弼　赵瑞峰 王　唯　刘书华　李湘湘　陈　石　蒋　珊　周从吉　谢元云　刘　杰 罗　涛　张鹏飞　朱小娜　赵泽然　李　辉　王　刚　王　磊　宾洪涛 张　帆　高　洁　黄宇峰　张天助　孙　辰　邝　伟　徐林康　李　顺 李俊杰　冯慧丽　沈　龙　马志敏　童铁龙　张仲灵　劳贯泳　黄　艳 童　恺　卢　超　金　莹　李承乾　冯　萍　陆子龙　於广军　衣晓辉 潘亚飞　冷明哲　张拓阳　王　科　陈仁宗　赵秀云　许雨翔　薛振宇 刘倩楠　南　博　杨凌云　严冠冲　王思明　傅启昕　郭兵兵　黄华龙 黄　群　程曦月　王　嘉　陈志文　王亚琼　李晓博　欧振德　冷志剑 覃天铭　朱赞涛　赵　阳　朱宏石　周　蕊　于　林　汪忠涛　高宇航 赵　阳　陈鸿亮　汤炼婷　张　野　李启鹏　曹慧泉　刘　帅　王清海 胡　亮　高建新　黄小琴　李　波　冯海凤　何友水　黄立清　黄　磊 刘东亮　张雁楠　江志武　莫碧娟　汤德志　向　敏　刘恒涛　许　利 姜　超　陈莉娥　晏子来　张　冷　吕凝磊　王国栋　曹柳絮　杨浩然 刘　冰　郭嘉鑫　陈芝霖　徐荆舒　雷龙林　柳　萌　王　晓　李仕亮 李　威　袁　梦　唐　琳

续上表

届 数	学生名单							
2012届	刘诚	李凌群	胡婧	王晓	陈国芬	任舟	董炳荣	李婧
	刘超	魏明	陈荟竹	阮林峰	黄乙迦	刘光玉	邱子力	吴宝良
	杜萌	沙涛	魏星	刘靖忠	刑彦威	夏庆兵	高培	孙汉利
	蔡广	刘敏	潘玲	肖慧凤	黄力	孙红磊	陈波	吕永齐
	陈炳煌	谢鑫林	黄棋	王芳	陈帅	潘飞	陈青林	杨文华
	柯荣现	王骏	翟东宇	时晓伟	陈子琪	叶晓珊	李景夫	王圆圆
	高超	汤娅	陈鑫	尹晓林	李泽众	王增	胡学萌	王汇丰
	杜申玉	袁伦丰	李志远	徐欢	黄杰	魏彩	段宇航	赵利君
	刘小涛	杨露辉	李腾飞	吴传露	付崇峰	赵永华	罗奕	杨雄
	李小涛	徐小明	郭涛涛	赵运兴	彭国辉	杨霆	梁华强	许杰
	何国爱	钟楠骞	苏文俊	姚泓斌	刘田	杨丽霞	孔凡太	朱松
	王喆	喻楚英	刘勇	余敏	寇宗德	贺艺林	王浩	喻浩然
	赵堃	李富城	周思	王伟江	张宇恒	任清强	郑立强	李建军
	刘玮	邹逸超	赵永舜	何超	曾婧	李开洋	段清龙	孙伟
	黄冠中	朱俊杰	王晶	钱泽	欧阳佩璇	李尚洁	郭旸	荣磊
	江元祥	卓伟	王庆臣	李玉珠	郭丰伟	苏鹏飞	蒋冬福	李秀秀
	王薪	刘星	郭芹	王操	蒋国辉	塔娜	王依锴	刘珏
	黄瀛	徐然	李卓颖	白文琦	吴隆文	龙安平	姜圆圆	杨英杰
	李锟	陈磊	徐博	罗金雨	李国宪	姚天航	刘俊瑶	范文博
	詹孝冬	罗满	毛碧波	岳旭	刘璐	顾及	湛弘义	罗婷
	孟尚儒	吕若云	张飞	郭晓琼	张超	周帮鸿		
2013届	赵颖	赵耀	张翔	张富强	余强	杨旖莎	杨凯	杨继安
	杨超	肖影	席超	伍镭	吴谓	吴皇	戚铭仁	王宇川
	唐守鹏	孙震	孙业熙	司高杰	石艳婷	罗璐颖	罗辉庭	栾天翼
	卢若山	刘云启	刘颖	李宏斌	李春丽	李福成	金微	韩岭
	党丁盈	陈紫瑾	陈智星	陈至扬	陈以强	吴正杰	吕维维	刘坤
	黄俊锟	周晨	张瑶	唐伯亮	刘少峰	刘开勇	申珍珍	马闻达
	亢超	崔蕴杰	李骥国	陈莲君	蒋文森	吴洋	田启东	刘清
	陈挺	蒋坤明	颜毅	陈熹	吴雨欣	柳佳图	熊婷	邓平
	陈柏杉	王菲	许名权	张利楠	林伟旭	易轰	曾祥浩	左东华
	张磊	黄奔	陈江灏	吴楠	包超君	方娇	曾小容	尚俊虎
	牛德梅	谢鹏	刘晓军	房冲	陈玲	周宇嵩	黄阳斌	夏钰铭
	俎宁	付照煜	林秀	贺雄	陈武	王立鹏	周民	易爱军
	曹远奎	潘群	吴志东	肖诗笛	陈方原	宋天奇	刘守印	庞伟林
	李相宇	刘卫来	刘燕	闫彦倬	李阳	申婉贞	曹芳成	杨倩
	许慧霞	凌缔成	谢晓辉	胡昆	范超	王子峰	阳慧敏	张小妮
	李泽众	候栋	李珊珊	杨甜甜	李军	王笑天	黎春丽	宋博
	刘仁坤	丁玉生	廖建军	肖小华	刘国华	魏明	杨素慧	沈秀婷
	戴贤创	刘熙	李洪雪	曾凯频	陈海燕	李宏然	高攀	奉春芳
	宁阳阳	孙凯	雷斯敏	罗伟	何健	曹世辉	蔡华飞	颜欣
	马浩然	王江河	李畅	孟凡然	李会霞	何震	张卫东	邱成滨
	张梦玲	郑丽玲	胡徐哲	肖彬	许国军	李世康	何杰	丁昌库
	李家明	王昆仑	贺林清	万欣怡	杨龙	黄金兰	赵蕊	陈珂

6.2 历届研究生名录

表 6-2 历届研究生名录

届 数	硕士研究生	博士研究生
1963 届	赵慕岳	
1964 届	曾德麟　杨守植　张季蘋	
1965 届	刘玉益	
1966 届	庄蓉芳	
1968 届	吴训珍　董学枫　湛世芳　周东海	
1982 届	陈振华　杨　斌　贺安安　谭爱纯　王兴庆 阮建明　吴和元	
1983 届	曲选辉　王　云　丁华东	
1984 届	张玉华　卢伟民	
1985 届	李　旭	
1986 届	熊　翔　赵永立　郭书剑　祝晓东	
1987 届	蔡一湘　张小松　陈双健　杨海涛	
1988 届	张　立　林文松　方宁象　彭希林	
1989 届	郭广艳　温金海　陈柏新　易健宏　劳善冬	
1990 届	汤慧萍　谢建秋　邓秋元　杨志雄　曹顺华 江　晓	陈振华
1992 届	喻学斌　戴　煜　王　平　陈　进　康继红 罗　雄　蒋　宏　易鹜文　饶　杰	杨海涛　曲选辉　贺安安
1993 届	范景莲　段毅鸿　羊建高　吴仲高　王有才 张怀泉　周跃超	
1994 届	张深根　易　暘　陆　捷　刘若愚　陈一鸣 王　荣　张　豪　倪泽胜　张正富	
1995 届	钟孝贤　刘爱强　熊　慧	罗序明
1996 届	刘绍军　蒋　覃　刘秋林　张　蓓　黄建明 周　伟　肖　刚　陈　刚　杨　兵　刘　咏	易健宏
1997 届	颜寒松　杨义斌　袁武华　康智涛　孙　亦 杨　屹　韩　娟　张治民　刘文胜　欧文沛 陈　芃	母育锋　王四清　周科朝

续上表

届　数	硕士研究生					博士研究生		
1998 届	周劲辉 谭彦显 乐江胜 王一平	包崇玺 高道勇 朱磊 邓忠勇	刘如铁 陶颖 王彬 李强	彭昶 杨勇 刘槟 谢鲲	李志林 尹松波 毛金英	李益民		
1999 届	罗成	舒永春	杨维才	林健凉		李新军 邹林华 刘咏	范景莲 李晨辉 何玉定	邓福铭 周继承
2000 届	张健 葛毅成	戈建国 方善峰	李丽娅 李云平	任胜钢 钟伟	姚萍屏	李劲风 黄可龙 覃文	唐建成 李松林 杨兵初	梁叔全 尹邦跃
2001 届	龚雪冰 边立刚	谢盛辉	温宏宇	王勇	刘峰晓	刘志坚 钟景明	吴芳	彭超群
2002 届	刘世民 唐志宏 李江鸿	彭春兰 李晓明 彭元东	潘运娟 刘芳 林映红	敖晖 吴凤秋 沈明	朱东波 李晔	李志友		
2003 届	何双珍 聂妍 李松 甘可可	向华 高建祥 高海燕 方华	王旭波 罗旭东 唐新文 王林山	郭剑锋 雷贻文 邓意达 赵立刚	冯一雷 张苗 刘芳 韦伟峰	王兴庆 陈腾飞 秦明礼	廖寄乔 肖平安	张福勤 祝宝军
2004 届	王海兵 彭伟才 周晓晖 严武华 喻岚 张武装 何世文	陈浩 李世鹏 贾宝平 吴爱华 孟振强 王丹丹	任芸芸 陶可 张晓泳 蒋建献 单小宏 胡礼福	胡化文 刘兴昉 骆峰 李亚军 汪登龙 吕豫湘	郑强 陈立宝 熊杰 岳建岭 姜峰 杜鹃	蒋炳炎 汤中华 汤慧萍	熊翔 于澍 张立	马运柱 羊建高 张俊红
2005 届	文雪萍 郭晟 林小芹 李炯义	陈丽芳 李流军 李金偏 成会朝	吴庆军 尹健 张海波 刘兵	梁锦华 张路生 李志希 向其军	章林 刘芳 林信平	彭美勋 邹俭鹏	葛毅成 谢志勇	段柏华

续上表

届 数	硕士研究生					博士研究生		
2006 届	高 莹	易振华	朱 武	杨文杰	任 斌	郑洲顺	黄劲松	刘如铁
	徐 剑	范令强	陈成艺	陈 利	汪秀全	周新贵	周书助	李国栋
	肖志英	何 浩	万 千	闫立奇	盛小娴			
	龙郑易	李 侠	张宇奇	汤 潇	刘红江			
	周宇清	盛洪超	邓 清	黄大为	谭永恒			
	伍朝阳	罗春峰						
2007 届	谭永恒	吴 宏	刘 莹	王珍萍	余文燊	李丽娅	汤春峰	向其军
	黄虎军	付美荣	王占锋	李瑞迪	赵 磊	王秀飞	伍秋美	张明瑜
	邓军旺	谢建伟	辛 伟	黄艳华	齐雄伟	叶途明	尹 健	周志华
	旷文敏	刘盈霞	曾玉林	周 萍	向 波			
	刘美玲	谢 湛	蔡志勇	李占涛	杨 阳			
	侯俊峰	张忠义	黄 冠	廖雪松	李枝林			
	王亚东	罗崇玲	丑晓明	王红忠	陈 欣			
	朱建军	王 玺	方 玲	李玉玺	周红翠			
	张 新	马自省	张 静	谢 宏	张 俊			
	杨晓青							
2008 届	张宁一	张建德	周建伟	沈益顺	朱凤霞	王世良	潘 竹	彭 可
	陈 峰	周年润	李春香	王雅雷	刘立海	陈海林	尹彩流	贺翠云
	谢 飞	许 林	武治锋	周 群	龙 莹	何世文	肖逸锋	颜练武
	雷宝灵	王文利	何晓宇	文 佳	方京华	戴 煜	黄自谦	李 智
	梁良华	彭石高	史金靓	王 乐	刘 燚	袁志庆	刘文胜	张晓泳
	彭卫玲	刘向中	李 鹏	陈玉柏	邹仕民	唐成颖	陈招科	刘 彬
	张 湘	谭兆强	刘相权	唐 芳		袁铁锤	闫志巧	江 垚
2009 届	朱志军	郭 俊	郑礼清	杨晓亮	王 蕾	郑 治	欧宝立	陈良建
	赵万军	郭伟信	梁月明	周承商	曹二斌	陈 洁	罗 成	徐先锋
	王元杰	罗 明	罗嗣俊	刘蓓蓓	常 新	李江鸿	林 峰	高海燕
	陈丽芳	魏 伟	冯 颖	逯 崝	刘拼拼	颜建辉	陈 利	
	胡幼华	郭屹宾	谢继峰	祁美贵	秦明升			
	谭古秋	李 倩	蒋忠兵	杨文乐	张秀秀			
	巢 宏	涂欣达	彭 芬	李文超	游 峰			
	谭瑞轩	陈 祥	张广腾	卢明园	赵 瑶			
	温玉仁	张炜炜	黄誓成	张 翔	张健光			
	徐 磊	唐 兵	余贤旺	段志明	高 程			

续上表

届 数	硕士研究生					博士研究生		
2010届	李 军	赵世伟	李鹏涛	杨亚杰	童晓阳	樊 新	黄兰萍	邓楚平
	曾 毅	卢 静	谢灿强	郭颖利	谢元彦	刘树红	邓 鑫	何 浩
	王振波	邱敬文	黄 蓉	陈送义	崔 鹏	郜忠智	刘 芳	沈培智
	周乐平	曹卓远	李 挺	王山峰	廖亚平	何汉兵	孙 威	银锐明
	张佳佳	黄 巍	汤昌仁	朱艺添	叶登峰	冉丽萍	方华婵	杨 鑫
	鲍 瑞	丁 飞	汤盛龙	张 帆	李美玲	杨海林	张利军	董虹星
	陈 孜	肖 锋	黄海锋	李文军	周伍喜	姚萍屏	张子岩	申雄军
	侯海涛	汤烈明	倪尔福	梁超平	欧孝玺	刘东华	张 伟	李 专
	王 辉	韩云娟	陈 刚	郑湘林	徐海锋	王社权	林 武	
	孟康龙	阎致恒	刘卓民	欧阳春	金谷音			
	吴海明	解 路	陈 剑	王 琼	常可可			
	吴 靓	赵大鹏	王 丽	贺柳青	朱 松			
	曾昭易	贾守亚	韩团辉					
2011届	岳 静	张 敏	王 斌	樊坤阳	龚 星	唐有根	夏庆林	梁建烈
	李杏奇	林俊峰	李建立	王玉林	袁 振	王跃明	杨 琳	张文彦
	莫 畏	孟小杰	王 博	周良才	任国安	王朝胜	彭元东	谢永贵
	周志辉	吴 岳	魏鹏飞	沙春生	刘 岗	谭彦妮	刘延斌	熊拥军
	张刘杰	陈哲东	赵 莉	李竞荣	徐银超	吴厚平	马 莉	彭国胜
	邓利霞	高 翔	梁世栋	娄 静	张益中	刘宝刚	李万千	张武装
	陈学海	王光耀	李 静	杨 波	郭 瑞	张海斌	刘 锋	雷宝灵
	傅又红	梁 信	刘 攀	赵亚旭	李鹏飞	袁 媛	刘怀菲	吴 宏
	徐露露	蒋世文	阎换丽	常 通	殷 玲	刘建元	成会朝	熊 伟
	单 成	时凯华	袁小明	张端锋	蔡青山			
	徐 玄	岳葆林	熊 亮	唐 炜	孟 佳			
	黄国基	郭 顺	韩 超	朱 军	节云峰			
	侯永丹	徐志刚	佘直昌	张 骁	刘辉明			
	李 木	刘新利	王 辉	杨广宇	丁 莉			
2012届	赵学嘉	祖利国	鲍寅祥	王 曼	卜梦婕	时启龙	汪 炯	苏 耿
	蔡 丹	李文娟	张 顺	梁 武	罗 莉	张 莹	王建川	龙 莹
	张小英	徐 菲	孙 超	贡太敏	王茂安	卢雪峰	罗永锋	朱爱玲
	王 双	郭 薇	沈红仁	崔森林	李亚林	王爱军	王培生	管伟明
	张伟彬	李维杰	方 旭	宋江凤	张浩泽	王雅雷	陈中胜	陶玉强
	马 超	谭 政	李 娜	李荣付	程 鑫			
	孙加宝	程 亮	何 薇	岳 鹏	张 瑞			
	郝振华	刘 蕊	毛佩林	谭周建	孙莹莹			
	熊慧文	袁晓虹	黄立华	肖叶龙	金狂浩			
	封 苑	石玉斌	刘 胜	王 昊	罗 健			
	周 鹏	洪东升	邓 涛	杨 益	马 鋬			
	张 泉	何斌衡	李东剑	李 飞	刘逸众			
	韩 朝	赵冬冬	张 斌	王 菲	周 伟			
	羊求民	王 军	李 健	于 奇	龙曾成			
	王 翔	付晓虎	黄倩芳	贾 乐	刘 咏			
	陈 明							

续上表

届　数	硕士研究生					博士研究生		
2013届	刘再锋	李晓峰	谢　莹	庄后荣	吴浩波			
	秦　琳	冯芳芳	曾志伟	周显光	潘文强			
	董鹏轩	朱登伟	钱　昭	周海生	李丙菊			
	杨　良	唐　彩	李建波	商毅龙	申婷婷	杨　鑫	王新平	赵静蕊
	李　礼	谭慧强	杨彩娟	卢　斌	杨宝刚	孙伟华	王　超	韩　勇
	窦玉海	房　啸	刘　超	郭伦文	李　斌	邱从张	逯　峥	胡　标
	解明伟	朱　旎	刘慧远	刘远标	佘俊杰	刘　波	鲍　瑞	陈送义
	吴　敏	郑春晓	李永君	解东梅	杨　坤	梁超平	张　妍	李　超
	但奇善	南　晴	朱彩强	邓　雄	张林祥			
	梁　茜	逯雨海	郝　丹	谭　翠	张明阳			
	林珍艳	王艳艳	李大鹏	赵　林	郭垚峰			
	彭　俊	王　璐	董奇夺	蔡淑华	欧小琴			
	刘　业	李　杨	杨忠臣	杨昌麟	朱　杰			
	牛　森	李爱坤						

第 7 章　荣誉名录

7.1　集体荣誉名录

表 7-1　集体荣誉名录

受奖单位	授予称号	授奖部门	时间（年）
粉末冶金研究所	国防科技工作协作配套先进单位	国家计委、国防科工委、国家科委、国家经贸委	1985
粉末冶金研究所	全国高校科技工作先进集体	国家教委、国家科委	1990
粉末冶金实验室	省高校实验工作先进集体	湖南省教委	1992
粉末冶金实验室	有色系统高校实验室工作先进集体	中国有色金属工业总公司教育局	1992
粉末冶金研究所	国防军工协作配套先进集体	国家计委、国防科工委、国家科委、国家经贸委	1994
粉末冶金厂	湖南省中小型工业企业、百强企业	湖南省经委、湖南省统计局	1995
粉末冶金研究所	"八五"期间为国防军工协作配套工作做出突出贡献先进集体	中国有色金属工业总公司长沙公司	1996
粉冶所党组织	先进基层党组织	中共湖南省高校工委	1998
粉冶所	参加国庆阅兵装备工作先进单位	国务院、中央军委	1999
粉冶所部门工会	全国模范职工之家	中华全国总工会	1999
《粉末注射成型流变学》	第五届国家图书奖提名奖	国家新闻出版总署	2002
材料科学与工程博士后流动站	全国优秀博士后流动站	全国博士后管理委员会、人事部	2005
粉末冶金研究院	×××建设工程突出贡献奖	中央五部委	2007

续上表

受奖单位	授予称号	授奖部门	时间(年)
粉末冶金研究院党委	全省高校先进基层党组织	中共湖南省委教育工作委员会	2007
炭/炭复合材料航空刹车副国家重点工业性实验项目	国家高技术产业化十年成就奖	国家发改委	2008
高性能航空航天材料创新团队	全国工人先锋号	中华全国总工会	2011

7.2 个人荣誉名录

表7-2 个人荣誉名录

姓名	授予称号	授奖部门	时间(年)
吕海波	湖南省劳模	湖南省人事厅	1959
王零森	湖南省科学大会"先进个人"	湖南省人事厅	1978
邹志强	湖南省优秀教师	湖南省委、省人事厅	1985
吕海波　王零森 赵慕岳　王伏生 李溪滨	献身国防科技事业荣誉奖	国防科学技术工作委员会	1988
黄培云	湖南省优秀教师	湖南省教委、省人事厅	1989
陈振华	湖南省优秀教师	湖南省委、省人事厅	1991
王零森	"七五"期间为国防建设做出突出贡献的先进科技工作者	中国有色金属工业总公司长沙公司	1992
黄伯云	中青年有突出贡献专家	国家人事部	1994
王伏生	光华科技奖	光华科技基金会	1994
陈振华	光华科技奖	光华科技基金会	1994
黄伯云　黄祖修 李溪滨　谢裕厚	国防军工协作配套先进工作者	国家计委、国防科工委、国家科委、国家经贸委	1995
李溪滨	湖南省优秀教师	湖南省教委、省人事厅	1995
曲选辉	湖南省十佳青年科技工作者	湖南省人事厅、中共湖南省组织部、共青团湖南省委	1996

续上表

姓名	授予称号	授奖部门	时间(年)
黄培云　黄伯云 王零森　李溪滨 吴恩熙　苏春明 樊　毅　吕海波 谢裕厚　吴义成 熊　翔　雷长明 谭明福　王伏生 刘华侪	"八五"期间为国防军工协作配套工作做出突出贡献的科技工作者	中国有色金属工业总公司长沙公司	1996
黄祖修　蒋辉珍 吕进元	"八五"期间为国防军工协作配套工作做出突出贡献的科技管理工作者	中国有色金属工业总公司长沙公司	1996
王零森	光华科技奖	光华科技基金会	1996
黄伯云	光华科技奖	光华科技基金会	1996
曲选辉	第五届中国青年科技奖	中组部、国家人事部、中国科协	1997
曲选辉	全国优秀科技工作者	中国科学技术协会	1998
黄伯云	全国知识产权工作先进个人	国家科委、司法部	1998
黄伯云	全省教育系统优秀留学归国人员	湖南省教委	1998
廖寄乔	湖南省标准化工作优秀个人	湖南省技术监督局	1998
黄伯云	湖南光召科技奖	湖南省人民政府	1999
黄伯云	湖南省先进工作者	湖南省人民政府	1999
曲选辉	知识产权保护先进个人	湖南省知识产权协调领导小组	1999
曲选辉　熊　翔	第二届"湖南青年科技奖"	中共湖南省委组织部、湖南省人事厅、湖南省科学技术协会	1999
熊　翔	第四届"中国优秀青年科技创新奖"	团中央、全国青联、中国青年科协	2000
熊　翔	第七届"中国青年科技奖"	中组部、人事部、中国科协	2001
李益民	全国百篇优秀博士论文	教育部、国务院学位委员会	2001

续上表

姓名	授予称号	授奖部门	时间(年)
黄伯云	第十届全国优秀科技图书二等奖	国家新闻出版总署	2001
熊　翔　易健宏	湖南省青年科技奖	湖南省委组织部、省人事厅、省科协	2001
黄伯云	全国国防科技工业系统先进工作者	人事部，国防科工委	2001
李益民	湖南省青年科技创新杰出奖	团省委、省经贸委、省教育厅、省科技厅、省青联	2001
易健宏	省学会成果奖	中国机械工程学会	2001
黄培云	第四届光华工程科技奖	中国工程院	2002
黄伯云	全国留学回国人员成就奖	中央组织部，宣传部，统战部，人事部，教育部，科技部	2003
易健宏	"中国青年科技奖"	中组部、人事部、中国科协	2004
黄伯云	首届长沙科学技术创新贡献奖	长沙市人民政府	2005
易茂中　李益民	全国优秀博士后人员	全国博士后管理委员会、国家人事部	2005
黄伯云	2004 年度中国十大科技新闻人物	中国十大科技新闻人物评选委员会	2005
黄伯云	何梁何利 2005 年度科学技术进步奖	何梁何利基金委	2005
黄伯云	2005 年度感动中国十大人物	中央电视台	2006
黄伯云	全国杰出专业技术人才	中组部、中宣部、人事部、科技部	2006
黄伯云	全国优秀共产党员	中共中央组织部	2006
黄伯云	全国五一劳动奖章	中华全国总工会	2006
黄伯云	中国有色金属工业科技进步特别贡献奖	中国有色金属工业协会、中国有色金属学会	2006
黄伯云	湖南省先进工作者	湖南省人民政府	2006
黄伯云	湖南省优秀共产党员	中共湖南省委	2006
张武装	首届湖南省大学生思想政治教育十佳先进个人	湖南省教育工委、湖南省人事厅、湖南省教育厅	2006

续上表

姓名	授予称号	授奖部门	时间(年)
李益民	第十届"中国青年科技奖"	中组部、人事部、中国科协	2007
熊　翔	全省高校优秀共产党员	中共湖南省委教育工作委员会	2007
黄启忠	通用汽车中国高校汽车领域创新人才	教育部、通用汽车公司	2008
黄伯云	桥口隆吉基金奖	桥口隆吉基金会	2008
黄伯云	湖南省"劳模精神伴祖国同行——新中国成立 60 年湖南最具影响劳模"	湖南省总工会	2009

第8章 领导关怀

在面向国民经济主战场，实现产学研相结合的科研思路指导下，中南大学粉末冶金研究院取得了一大批具有标志性的重大重点的科技成果，特别是黄伯云院士率领的科研团队所研制的"高性能炭/炭航空制动材料的制备技术"获得了2004年度国家技术发明一等奖，结束了国家发明一等奖连续六年空缺的历史，在国内外引起强烈反响。2005年以来，习近平、李克强、吴邦国、温家宝、贾庆林、李长春、贺国强、吴官正等党和国家领导人曾来院视察。由于资料搜集时间有限，本章从人民日报、光明日报、湖南日报、长沙晚报等新闻媒体摘录了党和国家领导人来院视察的部分新闻报道。

8.1 习近平总书记视察粉末冶金研究院

习近平还来到中南大学，视察国家重金属污染防治工程技术研究中心、粉末冶金国家重点实验室，了解高校进行科技创新、服务国家重大战略项目的情况。这两个机构在重金属废水处理、重金属污染土壤修复和粉末冶金特种材料、高性能炭纤维复合材料研发应用上取得了突出成绩，习近平详细询问有关情况，并对他们

11月3日至5日，中共中央总书记、国家主席、中央军委主席习近平在湖南考察。这是4日上午，习近平在中南大学粉末冶金国家重点实验室了解粉末冶金特种材料、高性能碳纤维复合材料研发应用情况。
　　　　　　　　　　　　　　　　　新华社记者　王　晔摄

刻苦攻关、勇于创新的精神给予了肯定。他强调，我国经济发展要突破瓶颈、解决深层次矛盾和问题，根本出路在于创新，关键是要靠科技力量。要充分发挥高校人才荟萃、学科齐全、思想活跃、基础雄厚的优势，面向经济建设主战场，面向民生建设大领域，加强科学研究工作，加大科技创新力度，努力形成更多更先进的创新成果。听说总书记来了，同学们纷纷赶来，向总书记问好。习近平微笑着走上前去，频频向同学们挥手致意。

（摘自《人民日报》2013 年 11 月 6 日第 1 版，《习近平在湖南考察时强调深化改革开放推进创新驱动 实现全年经济社会发展目标》。）

8.2　李克强副总理视察粉末冶金研究院

在国内居领先地位的中南大学粉末冶金研究院，李克强饶有兴趣地参观了新材料研发成果展示，仔细询问一些新技术、新产品的性能、用途和研发情况。他指出，推进高新技术产业化是调整和优化产业结构的重要途径，要面向市场需求，加大研发力度，提高产品创新能力和市场占有率，促进产业升级，提升发展水平。李克强强调，发展要靠投入，更要靠改革，要深化重点领域和关键环节改革，为科技成果产业化提供动力保障。

（摘自《光明日报》2009 年 4 月 1 日第 1 版，《李克强在湖南考察时强调：在改革创新中促进产业升级在应对挑战中实现新的发展》。）

8.3 吴邦国委员长视察粉末冶金研究院

在湘期间，吴邦国先后考察了远大空调有限公司、华天光电惯导技术有限公司、中联重科股份有限公司和中南大学国家粉末冶金研究中心，就自主科技创新问题进行调研。吴邦国指出，科技创新是调整经济结构、转变经济增长方式和提高国际竞争力的内在支撑和不竭动力。加快科技创新步伐是摆在我们面前的紧迫而长期的任务。一要建立以企业为主体、市场为导向、产学研相结合的科技创新体系，形成科技创新人才脱颖而出的机制和体制，加快科技成果向现实生产力转化。二要抓住技术开发和市场开发两个关键环节，努力提高原始创新、集成创新和消化吸收再创新能力，下大力气开拓国际国内市场，提高产品的市场占有率。

三要通过企业上市和信息化建设，建立和完善现代化企业制度，推动企业经营管理跃上新水平。

从中南大学国家粉末冶金研究中心考察出来，不少汇聚过来的同学一边喊着委员长好一边热烈鼓掌。被同学们的热情所感染，吴邦国即席发表了热情洋溢的讲话。他说自己高兴地看到了中南大学的科研成果许多是国家急需和国际领先的产品，学校为国家做出了很大的贡献。他勉励广大学子：国家从 1995 年开始就提出了科教兴国和人才强国两大战略，国家的发展、国家的希望在人才，也就是靠同学们。他说，党的十六届五中全会通过的"十一五"规划，一个重要的指导思想就是要依靠科技进步促进经济发展。目前，我国科技对经济的贡献率远远低于西方发达国家，在这一方面我们大有作为。希望同学们发奋学习，为国家的科技进步、民族的振兴做出贡献。

（摘自《湖南日报》2005 年 11 月 2 日第 1 版，《吴邦国考察湖南 强调在工作中落实科学发展观》。）

8.4　温家宝总理视察粉末冶金研究院

13 日下午，温家宝来到中南大学看望师生，参观了粉末冶金实验室、展示厅和产品孵化车间，对学校在科研方面取得的成果表示肯定。

得知总理来到学校消息的师生聚集车间门口，大声向总理问好。温家宝向大家挥手致意后说："中南大学是一所著名的大学，借此机会向老师同学们问好，同时提三点希望。第一，高等学校要培养热爱祖国、志存高远、勇于创新、艰苦奋斗、德智体全面发展的人才。坚持启发式教育，让学生学会动手动脑用心，善于独立思考、明辨是非、奋发向上，达到'教是为了不教'的目的。"

"第二，高等学校要培养杰出的人才。前不久我看望钱学森先生时，他对我说，学校要重视培养杰出人才。我理解就是要培养拔尖人才，一流人才，领军人才。他还说，学理工科的学生也要学点文学艺术，激发创造的灵感。我把他的这些话转送给老师和同学们。"

"第三，除了学习知识外，还要学习做人。要让学生懂得一个重要的道理，这就是作为天下的人，要想着天下的事。天下最大的事就是百姓的忧乐。立身要常思百姓的忧乐，行事要先天下之忧而忧，后天下之乐而乐。希望同学们立身行事都时刻想着老百姓！"

温家宝话音刚落，校园里响起了热烈的掌声。

（摘自《人民日报》2005 年 8 月 15 日第 1 版，《共商促进中部崛起大计——温家宝总理安徽湖南考察纪实》。）

8.5 贾庆林主席视察粉末冶金研究院

在三一重工股份有限公司、乐金飞利浦曙光电子有限公司、汨罗市中天科技有限公司和中南大学粉末冶金研究院，贾庆林来到生产和科研第一线，向工人和企业负责人详细询问生产、管理和销售的情况，向科研人员了解技术创新和推广应用的前景。他强调，加快工业化步伐是推进现代化进程、全面建设小康社会的一项重要任务。要按照十六大的要求，坚持以信息化带动工业化，以工业化促进信息化，坚定不移地走新型工业化道路。要大力提高原始创新能力、继承创新能力和引进消化吸收再创新能力，广泛应用高新技术和先进适用技术改造提升传统产业，促进经济结构调整和增长方式转变，培育和发展一批具有自主知识产权、知名品牌和国际竞争力的大公司大企业集团。要大力发展循环经济，实现资源高效利用和循环利用，努力建设资源节约型、环境友好型社会。要毫不动摇地巩固和发展公有制经济，毫不动摇地鼓励、支持和引导非公有制经济发展，努力形成公有制经济和非公有制经济相互支持、共同发展的局面。要全面提高对内对外开放水平，加快转变对外贸易增长方式，进一步实施"走出去"战略，通过扩大开放加快经济社会发展。

（摘自《人民日报》2005 年 7 月 20 日第 1 版，《贾庆林在湖南调研时强调统一战线和人民政协要为促进经济发展与社会和谐服务》。）

8.6 政治局常委李长春视察粉末冶金研究院

15 日，李长春一行来到中南大学，参观了中南大学粉末冶金研究院，了解炭/炭复合材料及其他科技创新成果，并对现场学生发表了即兴演讲。他说，中南大学不论在思想政治教育，还是在科研、教学方面，都是硕果累累的一所大学，特别是在国防科技工业、材料技术方面作出了卓越成就，黄伯云院士 2005 年获得了连续 6 年空白的国家技术发明一等奖，他为此表示祝贺和感谢。他鼓励中南大学建成为国家一流大学，在科技创新、在建设创新型国家方面作出更大的贡献。

（摘自《长沙晚报》2007 年 5 月 17 日，《李长春来长考察》。）

8.7　中纪委书记贺国强视察粉末冶金研究院

贺国强来到中南大学，了解学校教学、科研情况，参观粉末冶金等国家重点实验室。该校科研实力雄厚，2000年以来，共获得国家科技三大奖37项，居全国高校第2位，其中获一等奖3项，居全国高校第一位。贺国强怀着浓厚兴趣，仔细倾听一项项重大科研成果的介绍，并深表赞赏，尤其赞叹炭/炭复合材料的发明及应用"了不起"。

贺国强走到学生中间，与他们握手交谈，问学业、问生活，勉励他们学业有成报效国家。临走时，他要求学校注重搞好产学研结合，把科技成果转化为生产力，为湖南、为全国服务。同时要培养好学生，为祖国输送更多优秀人才。

（摘自《长沙晚报》2008年4月17日，《贺国强在长考察：心系民生关注发展》。）

8.8　中纪委书记吴官正视察粉末冶金研究院

在长沙，吴官正一行先后考察了中联重工科技发展股份有限公司，中南大学粉末冶金研究院，秋收起义文家市会师纪念馆，胡耀邦故居等。

在中南大学粉末冶金研究院，他听取了中国工程院院士、中南大学校长兼粉末冶金研究院院长黄伯云的介绍，连声说"贡献很大"。（摘自《长沙晚报》2006年4月13日，《切实维护党的纪律促进社会主义和谐社会建设》。）

在接见中南大学的专家、学者、院士时，吴官正充满感情地说："你们的发明创造让我很受教育，非常感谢你们对党、对国家、对人民的贡献，祝你们一切都好。"（摘自《湖南日报》2006年4月13日，《吴官正：切实维护党的纪律 促进和谐社会建设》。）

8.9　国务委员刘延东视察粉末冶金研究院

刘延东考察了中南大学粉末冶金研究院和湖南大学汽车国家重点实验室，提出希望两所高校能进一步发挥优势，推动科技创新，加强产学研结合，更好地服务国家和地方经济社会发展。刘延东还与暑假留校的部分学生亲切交谈，希望同学们珍惜时代，好好学习，掌握本领，增长才干。

（摘自《湖南日报》2009年8月18日第1版，《刘延东在我省调研时强调　充分发挥科技教育在中部崛起中的支撑作用》。）

8.10 曾培炎副总理视察粉末冶金研究院

中南大学冶金粉末研究院不但以炭/炭新材料闻名，在节能降耗方面也颇有创新。他们建立了"惰性电极节能型原始制备新体系"，到 2010 年每年节能相当于目前三峡电站的年实际发电量，并使原铝生产实现有害气体零排放。这些都引起曾培炎的极大兴趣。他长时间听取中南大学校长黄伯云院士的介绍后，连声称赞他们"了不起"！

（摘自《长沙晚报》2007 年 5 月 3 日，《曾培炎考察长沙　做大做强文化和服务产业》。）

8.11 国务委员陈至立视察粉末冶金研究院

陈至立还来到中南大学，考察了该校的粉末冶金研究院和炭/炭材料车间，她对该技术给予高度评价，称赞学校校长黄伯云院士带领的科研团队依靠自主创新，开辟了我国高性能航空刹车制造的新产业，而且对国防、航天、交通等行业的技术进步产生了重大推动作用。

……

陈至立指出，高等院校一定要坚持办学特色，提高管理水平，提升教育质量。还要加强产学研结合，推动科技创新，努力为地方经济社会发展服务。

（摘自《湖南日报》2006 年 11 月 21 日，《陈至立在我省考察》。）

后 记

在学校和粉末冶金研究院的相关领导组织与协调下，通过编写人员历时半年的努力，《中南大学粉末冶金学科发展史（1952—2013）》终于定稿。然而时代是不断发展的，历史也是不断向前推进的，今天的定稿并不意味着学科发展的结束，或许其中也还存在着些许纰漏错误之处，还请各位读者不吝指出。回顾这半年来的编写经历，我们得到了诸多支持，不仅得到了各种翔实丰富的材料，同时还得到了诸多修改意见，通过众人的共同努力，该书才得以问世。

一、总体思路

我国粉末冶金学科的发展有两个显著的特点。其一是由研究所（院）办专业，这在全国的学科发展中是独一无二的，传统的观念都是由一个系或一个学院来承办一个专业。从建所开始，我们就明确了发展方向，既要办研究所，又要办粉末冶金专业。科学研究与人才培养并举，实现服务于国家国民建设和国防建设的需要。其二是粉末冶金的科学研究既要面向国防建设，又要面向国民经济建设；既要出成果，又要尽快将科技成果转化为经济产业。所以此次《中南大学粉末冶金学科发展史（1952—2013）》的编撰主要从教学、科研、科研平台建设三方面入手，同时以"时间"为线索，以"事件"为主题，梳理记载了粉末冶金研究院各个时期的不同情况，记录各个时期的科研成果，尽最大可能还原了粉末冶金学科发展的前世今生。

二、广泛参与、莫大支持

该书是在何桂强、李笃信、马超等同志编写的材料基础上进行编撰的。随后，在粉末冶金研究院党委书记刘文胜同志的主持下召开了以吕海波、徐润泽、赵慕岳、李溪滨、邹志强、黄祖修、林炳七人为主的编写小组会议。在整个学科发展史的编撰过程当中，我们的不少退休老师和毕业的校友都给予了莫大的支持。

现已85岁高龄的徐润泽教授是我校粉末冶金学科专业创办的元老之一，他见证了我校粉末冶金学科发展的整个过程。此次编写，他主动请缨，不仅负责为整个学科发展史的编撰拟定提纲，同时还完成了教学部分内容的编写。

现已82岁高龄的吕海波教授也是我校粉末冶金学科建设的创始人之一。他勤勤恳恳、兢兢业业，他把一生奉献给了粉末冶金研究院，把粉末冶金作为毕生追求的事业。他为推动我校粉末冶金学科的发展作出了毕生的努力与巨大的贡献。尽管腿脚不便，但他依然思维活跃，不仅为科研部分内容的编写提供了宝贵的素材，同时还提出了大量的修改意见。

邹志强教授则主动承担了科研平台建设中的国家重点实验室的编写。他工作十分认真，作为粉末冶金学科的科研带头人之一，他不仅为我们提供了丰富的科研获奖材料，更是主动完成了国家重点实验室的编写任务。

李溪滨教授非常关心该书的编撰过程，在提供了丰富翔实材料的基础上，还对整个初稿进行了逐字逐句的修改与补充。

刘祖铭教授对本书的编撰提供了大量的宝贵意见，特别是指出我校粉末冶金学科的发展过程中曾多次受到中共中央、国务院领导的关怀与亲临指导，这既是对我校粉末冶金学科建设所取得的成果的肯定，更是一种莫大的"鞭策"，在全国也是独一无二的，因此应将领导关怀写入该学科发展史大事记。

给予帮助和支持的老师还有王伏生、刘华佾、李詠侠、张福勤、黄志锋、阮建明、李松林，熊翔、刘咏等人为《粉末冶金学科发展史（1952—2013）》初稿提出了宝贵意见。

此书出版前再次呈送粉末冶金研究院现任领导黄伯云、刘文胜、熊翔、阮建明、刘咏、何桂强、李松林、熊拥军以及已退休老同志吕海波、徐润泽、邹志强、王零森、黄祖修、赵慕岳、王伏生、李溪滨、刘华佾、熊春林、张兆森等老师的最后审定。

而在学生名录的编写方面，尽管前后五次前往档案馆查阅资料，但我们依然未能获取完整的学生资料，所以又联系了不少已经毕业的校友，通过他们我们获得了较为全面的学生信息资料。提供帮助的有株洲硬质合金集团的原总工程师56届的张荆门、广东工学院57届的王声洪教授、工艺3班的王伏生教授、65届的吴训珍、自贡硬质合金厂66届的彭方才教授级高级工程师、株洲硬质合金集团的高级工程师67届的李来荣、株洲硬质合金集团的副总68届的胡茂忠、69届的熊春林、70届的欧应龙、试点班的王文福以及75届的殷京良等人。在此一并感谢档案馆的老师以及我们已经毕业的校友给予我们的莫大帮助与支持。

编写历时比较长，编写的内容纷繁复杂，同时学科发展史的内容涉及半个多世纪，事件较多，资料的收集整理难免存在遗漏之处，还望广大师生校友在阅读之后提出宝贵的修改意见，以便这本史书能真正起到"以史为鉴，可以照未来"的作用。

最后，再次向关心该书编写的各位领导，以及在编写过程中积极筹划、献计献策和热心付出的各位老师同学以及各位编者表示诚挚的谢意。

编者
2014 年 4 月

图书在版编目(CIP)数据

中南大学粉末冶金学科发展史(1952—2013)/中南大学粉末冶金
研究院撰稿 . —长沙:中南大学出版社,2014.4
　ISBN 978 - 7 - 5487 - 1070 - 7

　Ⅰ.中... 　Ⅱ.中... 　Ⅲ.中南大学 - 粉末冶金 - 学科发展 -
概况 - 1952—2013 　Ⅳ.TF12 - 40

中国版本图书馆 CIP 数据核字(2014)第 070480 号

中南大学粉末冶金学科发展史(1952—2013)

中南大学文化建设办公室　组编
中南大学粉末冶金研究院　撰稿

□责任编辑	史海燕
□责任印制	易建国
□出版发行	中南大学出版社
	社址:长沙市麓山南路　　　邮编:410083
	发行科电话:0731-88876770　传真:0731-88710482
□印　　装	长沙超峰印刷有限公司

□开　　本	787×1092 B5　□印张 11.5　□字数 230 千字
□版　　次	2014 年 4 月第 1 版　□2014 年 4 月第 1 次印刷
□书　　号	ISBN 978 - 7 - 5487 - 1070 - 7
□定　　价	40.00 元